女子栄養大学の
スポーツ栄養教室

監修：上西一弘（女子栄養大学教授）

女子栄養大学出版部

アスリートを目指す皆さんへ

この本の「チーム EIYO」の総監督
上西一弘教授
女子栄養大学
栄養生理学研究室

皆さん、毎日の食事をたいせつにしていますか。
食べることも練習の一つ。
「今よりもっと強い心と体」を作るために、
まずはこの本で、「チームEIYO」のコーチの指導を受けて、
あなたの食事や栄養に関する知識を
徹底的に見直してみましょう。

- ☐ 1日3食、きちんと食べていますか。
- ☐ バランスのよい食事って、どんな食事かいえますか。
- ☐ スポーツでたいせつな筋肉のエネルギー源がなにか知っていますか。
- ☐ ビタミン、ミネラルはどんな栄養素か知っていますか。
- ☐ カルシウムを意識的に食事からとるようにしていますか。
- ☐ 無理なダイエットをしていませんか。
- ☐ どんな食材にどんな栄養素が入っているか、考えて食べていますか。
- ☐ 運動中の「水分補給」のたいせつさに気づいていますか。

……など

「食べること」は、体作りにとって重要なことであるにもかかわらず、食事や栄養について、
あいまいな知識しか、持っていない人が多いのが現実です。
練習をコツコツ続ける努力や経験が、明日の成果につながるように、毎日の正しい食生活は、
きっとあなたの心と体をトップアスリートに導いてくれるはずです。

さあ、今日から正しい食習慣をスタートしましょう！

この本は、2つのPARTで構成されています。

PART 1　スポーツ栄養の基礎知識

スポッチ

ぼくはチーム EIYO の
熱血コーチ、
スポッチです。

ぼくはチームの
縁の下の力持ち、
コーチのエネルン！

エネルン

スポッチとエネルン、2人のコーチが、「これだけは知っていてほしい食事と栄養の知識」をまんがと解説でコンパクトに紹介します。

さらに、ポイント⑤⑥⑦の、スポーツをする人が特に意識的に摂取したい「カルシウム・ビタミンK・鉄」がしっかりとれるレシピも載っています。

PART 2　目的別スポーツ栄養学

競技の種類別に、栄養のポイント、重要な栄養素を解説しています。

そして、それぞれの目的に沿った食事のヒントになるレシピを紹介。

また、本番に力が発揮できるように、試合の前日や当日、さらに試合後の食事の考え方も解説しています。

きみがどんなスポーツをしているか、それによって、なにをどう食べたらいいかを伝授するのが、PART 2だゾ。

Q&A のコーナー（46〜47、82〜83ページ）では、カップめんのこと、プロテインのことなど、みんなが知りたい内容にもふれているゾ。

この本のレシピの活用の仕方

○ レシピは基本的に2人分を作るときの材料と作り方を示しています。各レシピの料理のエネルギーや栄養素量は1人分です。

○ 体の大きさや、競技の運動量によって、一日に必要なエネルギー量や栄養素は異なってきます。まず、67 ページであなたに必要な摂取エネルギー量の目安を計算してみましょう。

○ 紹介するレシピは、献立のメインとなる主菜のレシピが中心です。ごはんなどの主食や、副菜を組み合わせて、献立を組み立ててください。スポーツをしている場合、普通の食事ではエネルギー、たんぱく質ともに不足しがちなので、ここに紹介する主菜のおかずを2品選んでボリュームアップしたり、主食の量を増やしたりするとよいでしょう。

CONTENTS

PART 1 スポーツ栄養の基礎知識 &RECIPE

なにをどのように食べればいい？

スポーツをする人の食事 ⑩ のポイント …………… 8

ポイント ⑤ カルシウムたっぷり　乳製品のレシピ

ポイント ⑥ ビタミンＫたっぷり　納豆のレシピ

PART 2
目的別スポーツ栄養学
&RECIPE

PART 1

スポーツ栄養の
基礎知識

& RECIPE

スポーツをする人の食事 ❿のポイント

⑩のポイントを押さえた 正しい食生活を身につけよう！

① "一日3食" が食事の基本！

食事を抜くと、エネルギーや栄養素が不足して、スポーツのパフォーマンスも低下します。毎日、朝・昼・晩と3食食べる習慣を身につけましょう。

10ページ >

② 主食で糖質をしっかりと

糖質は脳や筋肉を動かすエネルギー源です。不足した状態で運動すると、筋肉が分解されてしまいます。また、運動後、疲労を回復するためにも糖質が必要です。

12ページ >

③ たんぱく質を毎食欠かさずに

たんぱく質は、筋肉はもちろん、骨や血液などの材料になる重要な栄養素。体は常に新陳代謝をくり返しているので、毎食、かならずたんぱく質を摂取するようにしましょう。

14ページ >

④ 野菜・くだものを毎日とろう

野菜やくだものに多く含まれるビタミン・ミネラルは、糖質やたんぱく質の分解・合成を助けるなど、体の調子を整える働きがあります。野菜やくだものを意識して食べましょう。

16ページ >

⑤ 牛乳・乳製品でカルシウム補給

牛乳や乳製品にはじょうぶな骨を作るのに必要なカルシウムが豊富。成長期やスポーツ選手には欠かせない食品です。なるべく毎食摂取して、カルシウムを補給しましょう。

18ページ >

⑥ 納豆を積極的に食べよう

骨折しにくいじょうぶな骨を作るにはビタミンKも必要です。ビタミンKが手軽にたっぷりとれる食品といえば納豆。毎日、納豆を食べる習慣を身につけましょう。

20ページ >

⑦ レバーは鉄の供給源

レバーに豊富に含まれる鉄は、貧血予防に役立ちます。スポーツのパフォーマンスを低下させる貧血を防ぐため、レバーを食べる機会を増やしましょう。

22ページ >

⑧ 主食、主菜、副菜をそろえよう

食事でたいせつなのは、さまざまな栄養素をバランスよくとることです。主食・主菜・副菜のそろった定食スタイルの食事を心がけると、1食の栄養バランスが整いやすくなります。

24ページ >

⑨ おやつでなく「補食」を活用

一日3食でとりきれない栄養素は、おやつではなく、食事と食事の間にとる「補食」で補います。糖質やたんぱく質を中心に、ビタミンやミネラルも補給できる食品を選びましょう。

26ページ >

⑩ 適切な水分補給も必要

運動をすると大量の汗をかき、体の水分が失われます。運動前・運動中・運動後には、適切な水分補給をしましょう。汗が多い場合には、スポーツドリンクがおすすめです。

28ページ >

● 10ページから、10のポイントをさらにくわしく解説します！

"一日3食"が食事の基本！

朝食を抜くと栄養素が不足する

　人が健康に生活するために必要な栄養素は数十種類。これらの栄養素を毎日、食事で補給する必要があります。食べる量が少なければ、当然、摂取できる栄養素も減少します。たとえば朝食を抜いて一日2食にすると充分な食事量がとれず、体に必要な多くの栄養素も不足しがちになります。

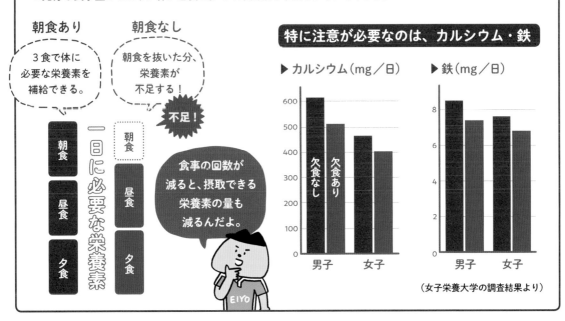

朝食あり

3食で体に必要な栄養素を補給できる。

朝食なし

朝食を抜いた分、栄養素が不足する！

不足！

一日に必要な栄養素

朝食　昼食　夕食

朝食　昼食　夕食

食事の回数が減ると、摂取できる栄養素の量も減るんだよ。

特に注意が必要なのは、カルシウム・鉄

▶カルシウム（mg／日）

欠食なし　欠食あり

男子　女子

▶鉄（mg／日）

男子　女子

（女子栄養大学の調査結果より）

夕食を抜くと筋肉が落ちる

　筋肉は筋繊維という細い繊維が束になってできていて、トレーニングなどで負荷をかけるとその一部が破壊されます。それが補修されると、以前よりも筋繊維が太くなるため、筋肉が大きくなります。

　筋肉の修復に必要なのが、筋肉の材料やエネルギー源になる栄養素をとることと、筋肉を休ませることです。

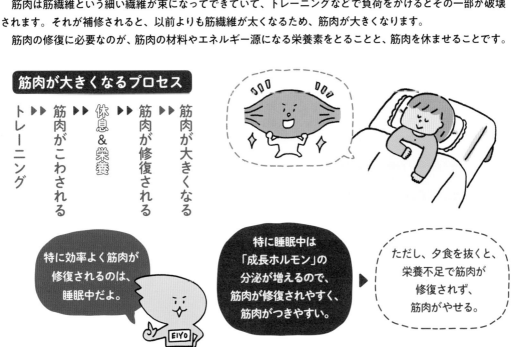

筋肉が大きくなるプロセス

トレーニング ▶▶ 筋肉がこわされる ▶▶ 休息＆栄養 ▶▶ 筋肉が修復される ▶▶ 筋肉が大きくなる

特に効率よく筋肉が修復されるのは、睡眠中だよ。

特に睡眠中は「成長ホルモン」の分泌が増えるので、筋肉が修復されやすく、筋肉がつきやすい。

ただし、夕食を抜くと、栄養不足で筋肉が修復されず、筋肉がやせる。

主食で糖質をしっかりと

「糖質＝炭水化物」ではない

ごはん、パン、めん類などの
主食に含まれているおもな栄養素

‖

炭水化物

糖質
体の中で
消化・吸収されて、
エネルギー源になる。

＋

食物繊維
体内の消化酵素では
消化できない物質で、
便通を整えるなど、
体の中でさまざまな
働きをする。

‖

「糖質＝炭水化物 − 食物繊維」

ごはんやパン、めん類などの主食に含まれる糖質は、体を動かすエネルギーのもとになる栄養素の一つです。

主食に含まれるおもな栄養素として「炭水化物」という言葉も聞いたことがあると思います。じつは、糖質は炭水化物に含まれます。炭水化物は、糖質と食物繊維で構成されているのです。

糖質は、たんぱく質や脂質とくらべて、すばやくエネルギーに変わるのが特徴だよ！

糖質は筋肉や脳のエネルギー源

筋肉のおもなエネルギー源は糖質。食べ物からとり入れた糖質は分解・吸収され、血液に乗って全身に運ばれます。筋肉はそれをとり込み、グリコーゲンという物質に変えて蓄えます。運動時には、グリコーゲンがすばやく分解され、筋肉を動かすために使われるのです。

糖質が不足すると……

● エネルギー不足になって、疲れやすくなったり、運動能力が低下したりする。

● 脳の働きが低下して、集中力や判断力が落ちる。

● 筋肉を分解してエネルギーを作り出そうとするため、筋肉量の減少につながる。

糖質不足を防ぐには、毎食、糖質を補給することがたいせつ！

糖質

体内で消化・吸収される
▼
血液に放出されて、
全身へ（一部は肝臓に蓄積）

たとえば

筋肉へ
筋グリコーゲンとして蓄積され、エネルギー源になる

脳へ
脳のほぼ唯一のエネルギー源として使われる

糖質は体内に少量しか蓄えられません。激しく体を動かすスポーツ選手は特に、毎食、糖質を補給する必要があります。

たんぱく質を毎食欠かさずに

たんぱく質を毎食、補給すべき理由

筋肉の場合

筋肉を構成する
たんぱく質

たんぱく質は体の材料になるたいせつな栄養素です。体内では、体のさまざまな組織がつねに新しく作り変えられています。そのとき、材料として必要なのが、食事で摂取したたんぱく質です。そのたんぱく質のおかげで、筋肉を大きくしたり、機能を維持したりすることができるのです。

く
り
返
す

機能を維持する
成長させる

古いものが
こわされる（分解）

↓

新しく
作り直す（合成）

▲

食べ物からとった
たんぱく質が使われる

特に、運動後や成長期は、たんぱく質の分解・合成が促進されるので、こまめなたんぱく質の補給が必要！

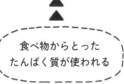

たんぱく質を
充分摂取していないと、
分解だけが進み、
合成ができないので、
筋肉がやせてしまうよ！

「肉100g＝たんぱく質100g」ではない！

　肉がすべてたんぱく質で構成されているわけではありません。つまり、肉を100ｇ食べたからといって、100gのたんぱく質がとれるわけではないのです。もちろん魚や卵なども同様です。

　また、肉や魚は、種類や部位によって、含まれるたんぱく質の量が違います。

▶ 牛肉（輸入肉・サーロイン脂身つき）に
含まれるおもな栄養素は？

炭水化物 0.4g

水分 57.7g	脂質 23.7g	

（100g中）

たんぱく質 17.4g

ミネラルなど 0.8g

ちなみに、
運動する習慣がなくても
15～17歳の男子は1日に65ｇ、
女子は55ｇのたんぱく質が
必要だといわれているよ。

100g 中に含まれるたんぱく質の量

食品名	たんぱく質の含有量
鶏もも肉（皮つき）	16.6g
鶏ささ身	23.9g
豚ロース肉（脂身つき）	19.3g
サケ	22.3g
キハダマグロ	24.3g
卵	12.4g
プロセスチーズ	22.7g
納豆	16.5g

野菜・くだものを毎日とろう

ビタミンってどんな栄養素？

　一口にビタミンといっても、その種類はさまざま。人の体に必要なビタミンは13種類あり、その性質によって水溶性ビタミンと脂溶性ビタミンに分けられます。水溶性ビタミンは水にとけやすく、体に蓄えられないのが特徴。一方、脂溶性ビタミンは、油にとけやすく、体内に保存できるという特徴があります。

水溶性ビタミン
（体に蓄えられない）

ビタミンB1	ビタミンB2	ナイアシン
ビタミンB6	ビタミンB12	葉酸
パントテン酸	ビオチン	ビタミンC

脂溶性ビタミン
（体に蓄えられる）

ビタミンA	ビタミンE
ビタミンD	ビタミンK

ビタミンの働き（例）

● ビタミンB群 → エネルギーを作るのを助ける。
（卵、肉類などの動物性食品も含めた幅広い食品に含まれる）

● ビタミンE → 強い抗酸化作用があり、細胞膜を保護したり、
血管を健康に保ったりする。
（植物油、アーモンドなどのナッツ類、かぼちゃなどに多く含まれる）

> ビタミンもミネラルも、
> 種類によってそれぞれ違う
> 働きを持っているよ。

ミネラルってどんな栄養素？

　食事でとる必要があるミネラルには以下のようなものがあります。体の組織を作る成分になったり、体のさまざまな機能をサポートしたりします。ミネラルのうち、体内に比較的多く存在するものを「多量ミネラル」、量が少ないものを「微量ミネラル」といいます。

多量ミネラル

ナトリウム	カリウム
カルシウム	
マグネシウム	リン

微量ミネラル

鉄	亜鉛	銅
マンガン	ヨウ素	セレン
クロム	モリブデン	

> ビタミンやミネラルが不足すると、
> 成長障害や貧血、骨粗しょう症などの
> 欠乏症を起こす危険があるよ。

ビタミンの働き（例）

● ナトリウム・カリウム → 体内の水分量を調整する。

● カルシウム・リン・マグネシウム → 骨や歯の材料になる。

● 亜鉛 → 体の成長にかかわる。味覚や免疫機能を正常に保つ。

※特に不足しがちで、意識してとってほしいカルシウム、ビタミンK、鉄については、18〜23ページでくわしく解説します。

牛乳・乳製品でカルシウム補給

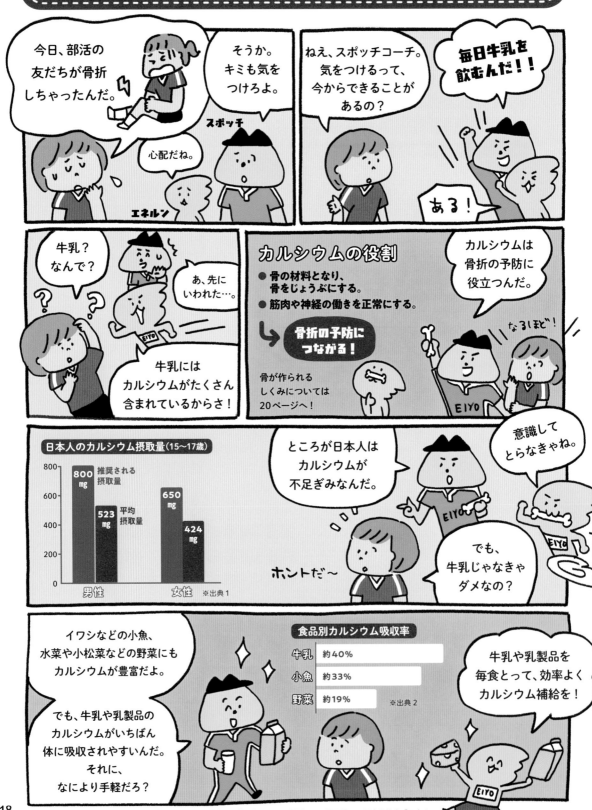

今日、部活の友だちが骨折しちゃったんだ。

そうか。キミも気をつけろよ。

心配だね。

スポッチ

エネルン

ねえ、スポッチコーチ。気をつけるって、今からできることがあるの？

毎日牛乳を飲むんだ！！

ある！

牛乳？なんで？

あ、先にいわれた…。

牛乳にはカルシウムがたくさん含まれているからさ！

カルシウムの役割

● 骨の材料となり、骨をじょうぶにする。
● 筋肉や神経の働きを正常にする。

骨折の予防につながる！

骨が作られるしくみについては20ページへ！

カルシウムは骨折の予防に役立つんだ。

なるほど！

日本人のカルシウム摂取量（15〜17歳）

- 男性：推奨される摂取量 800mg／平均摂取量 523mg
- 女性：推奨される摂取量 650mg／平均摂取量 424mg

※出典1

ところが日本人はカルシウムが不足ぎみなんだ。

ホントだ〜

意識してとらなきゃね。

でも、牛乳じゃなきゃダメなの？

イワシなどの小魚、水菜や小松菜などの野菜にもカルシウムが豊富だよ。

でも、牛乳や乳製品のカルシウムがいちばん体に吸収されやすいんだ。それに、なにより手軽だろ？

食品別カルシウム吸収率

牛乳	約40%
小魚	約33%
野菜	約19%

※出典2

牛乳や乳製品を毎食とって、効率よくカルシウム補給を！

※出典1／平均摂取量は、厚生労働省「平成30年国民健康・栄養調査」より、推奨される摂取量は、厚生労働省「日本人の食事摂取基準」（2020年版）より。 ※出典2／上西一弘他、日本栄養・食糧学会誌 vol.51,259-299（1998年）より。

カルシウムはなにから、どれくらいとる？

牛乳コップ1杯に含まれるカルシウムの量は220mg。
男子高校生なら一日4杯、女子高校生なら一日3杯で、
必要なカルシウムが摂取できます。ただし、スポーツを
する人はそれだけで充分とはいえません。さまざまな食
品から、カルシウムをたっぷりとりましょう。

カルシウムの食事摂取基準 （推奨量）

年齢	男性	女性
10～11歳	700mg	750mg
12～14歳	1000mg	800mg
15～29歳	800mg	650mg
30～74歳	750mg	650mg
75歳以上	700mg	600mg

ただし、スポーツをしている人は、
汗でカルシウムが失われやすいため、
より多くのカルシウムが必要！

カルシウムが充分とれているか、チェックしよう！

カルシウム自己チェック表

		0点	0.5点	1点	2点	4点	得点
1	牛乳を毎日どのくらい飲みますか？	ほとんど飲まない	月1～2回	週1～2回	週3～4回	ほとんど毎日	
2	ヨーグルトをよく食べますか？	ほとんど食べない	週1～2回	週3～4回	ほとんど毎日	ほとんど毎日2個	
3	チーズなどの乳製品やスキムミルクをよく食べますか？	ほとんど食べない	週1～2回	週3～4回	ほとんど毎日	2種類以上毎日	
4	大豆、納豆など豆類をよく食べますか？	ほとんど食べない	週1～2回	週3～4回	ほとんど毎日	2種類以上毎日	
5	豆腐、がんも、厚揚げなど大豆製品をよく食べますか？	ほとんど食べない	週1～2回	週3～4回	ほとんど毎日	2種類以上毎日	
6	ほうれん草、小松菜、青梗菜などの青菜をよく食べますか？	ほとんど食べない	週1～2回	週3～4回	ほとんど毎日	2種類以上毎日	
7	海藻類をよく食べますか？	ほとんど食べない	週1～2回	週3～4回	ほとんど毎日		
8	シシャモ、丸干しイワシなど骨ごと食べられる魚を食べますか？	ほとんど食べない	月1～2回	週1～2回	週3～4回	ほとんど毎日	
9	シラス干し、干しエビなど小魚類を食べますか？	ほとんど食べない	週1～2回	週3～4回	ほとんど毎日	2種類以上毎日	
10	朝食、昼食、夕食と一日3食を食べますか？		一日1～2食		欠食が多い	きちんと3食	

結果判定

20点以上 **よい**　一日に必要な800mg以上とれています。このままバランスのとれた食事を続けましょう。

16～19点 **少し足りない**　一日に必要な800mgに少し足りません。20点になるよう、もう少しカルシウムをとりましょう。

11～15点 **足りない**　一日に600mgしかとれていません。このままでは骨がもろくなっていきます。
あと5～10点増やして20点になるよう、毎日の食事をくふうしましょう。

8～10点 **かなり足りない**　必要な量の半分以下しかとれていません。
カルシウムの多い食品を今の2倍とるようにしましょう。

0～7点 **まったく足りない**　カルシウムがほとんどとれていません。
このままでは骨が折れやすくなってとても危険です。食事をきちんと見直しましょう。

石井, 上西他 Osteoporosis Japan 2005;13:497-502 より作成

※カルシウムの豊富な食品については60ページを参照

納豆を積極的に食べよう

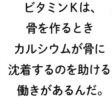

納豆以外の食品でビタミンKをとるには？

ビタミンKは納豆以外に、緑色の野菜や海藻に多く含まれています。特にビタミンKが豊富な食品には次のようなものがあります。

(ビタミンKの一日の摂取目標) ＝ 150µg

> ビタミンKは油にとける性質があるので、いため物や揚げ物などにすると、吸収率がアップするよ！

ビタミンKが豊富な食べ物

モロヘイヤ	ほうれん草	小松菜	カットわかめ	鶏もも肉（皮つき）
1/4束・60g	小1/2束・100g	小1/2束・100g	5g	1/2枚・120g
384µg	270µg	210µg	80µg	35µg

ビタミンKチェック表

> ビタミンKが充分とれているか、チェックしよう！

納豆	ほとんど食べない（0点）	週1〜3回（10点）	週4〜5回（25点）	一日1回以上（40点）	合計
野菜	ほとんど食べない（0点）	少し食べる（10点）	普通に食べる（15点）	たっぷり食べる（25点）	点

※納豆は1パック50gとする。
※野菜は1回の食事あたり。「普通に食べる」は刻んだ野菜を片手1杯くらい、あるいは小鉢1皿くらいが目安。

(結果判定) (40点以上) ▶ ビタミンKが充分とれています。

(40点未満) ▶ ビタミンKが不足しているので、納豆や野菜の摂取量を増やしましょう。

上西，石田他 Osteoporosis Japan 2011;19:513-518 より作成

ビタミンKだけじゃない！　納豆にはさまざまな栄養成分が

納豆にはビタミンK以外にも健康によいといわれる成分がたっぷり。たとえば、大豆に多く含まれているたんぱく質やカルシウム、食物繊維をまるごととることができます。

大豆よりも納豆により多く含まれる栄養素もあります。ビタミンKもその一つです。さらに、大豆を納豆にする過程で増えるのがビタミンB2。ビタミンB2は糖質・脂質・たんぱく質の代謝を助けるほか、発育をサポートする作用があります。また、納豆を発酵させる納豆菌には、腸内環境を整える作用があります。

> 納豆に多く含まれている栄養成分

たんぱく質　ビタミンK　カルシウム　カリウム　ビタミンB2　ビタミンE　食物繊維　納豆菌

レバーは鉄の供給源

貧血はパフォーマンスを低下させる

　血液中の赤血球の中にあるヘモグロビンという色素成分には、酸素を全身に運ぶという重要な役割があります。貧血はヘモグロビンが不足した状態。体は酸欠状態になり、疲れやすくなって、脳の働きも悪くなります。したがって、スポーツのパフォーマンスも低下してしまうのです。

アスリートが貧血になると……

● 練習についていけない。
● 疲れがとれない。
● 集中力・判断力が低下して、ミスが増える。
● やる気が起きない。
● 記録が落ちる。
● その他の症状 … 顔色が悪い、頭痛、めまい、
　耳鳴り、手足の冷え、不眠など

軽い貧血は気づきにくいこともありますが、こんな症状があれば要注意です！

下まぶたで貧血のセルフチェック

下まぶたの色が白っぽい(赤くない) ▶▶ 貧血の可能性が高い！

貧血かどうかを簡単にチェックする方法としては、下まぶたの内側の色を見る方法があります。ただし、軽い貧血でははっきりしないのであくまでも目安として考えましょう。

貧血予防にレバーがおすすめの理由

　食品に含まれる鉄には「ヘム鉄」と「非ヘム鉄」があります。この2つの違いは吸収率。ヘム鉄のほうが、非ヘム鉄よりも体に吸収されやすいのです。

　ヘム鉄が多く含まれているのは、肉や魚などの動物性の食品です。中でもレバー（豚レバー）は、100gで13mgもの鉄が含まれていて、効率よく鉄を補給できます。

ヘム鉄
（動物性食品に多く含まれる）

豚レバー・100g	13.0mg
鶏レバー・50g	4.5mg
牛もも肉・100g	2.2mg
アサリ・50g	1.9mg
キハダマグロ・70g	1.4mg

吸収率 10 〜 20 ％

レバーにはヘム鉄が豊富！

ヘム鉄のほうが、吸収率が高い！

非ヘム鉄
（植物性食品に多く含まれる）

大根の葉・50g	1.6mg
納豆・50g	1.7mg
厚揚げ・50g	1.3mg
小松菜・100g	2.8mg
ほうれん草・60g	1.2mg

吸収率 2 〜 5 ％

さらに、レバーにはたんぱく質やビタミンB₆・B₁₂、葉酸などもたくさん含まれていておすすめだよ！

主食、主菜、副菜をそろえよう

バランスのよい食事の基本

①主食 ごはん、パン、めん類など	②主菜 肉、魚、卵、大豆製品	③副菜 野菜、きのこ、芋、海藻類	④くだもの	⑤牛乳・乳製品
糖質が豊富で、エネルギーになる食べ物	たんぱく質が豊富で、筋肉や血になる食べ物	ビタミン・ミネラルが豊富で、体の調子を整える食べ物	ビタミン・ミネラルが豊富で、体の調子を整える食べ物	カルシウムやたんぱく質などが豊富で、骨や歯を作る食べ物

 ごはん

パスタ

 ステーキ

焼き魚

 野菜サラダ

煮物

 みかん

りんご

 牛乳

ヨーグルト

５つのグループがそろった定食スタイルに

　必要な栄養素をバランスよくとるために、まず心がけたいのが定食スタイルの食事。定食スタイルとは、①主食、②主菜、③副菜、④くだもの、⑤牛乳・乳製品がそろった食事のことです。

食材・調理法もバリエーション豊富に

　栄養バランスのよい食事をとるためには、食材の種類や調理法が偏らないようにすることもたいせつ。食材はその種類によって、含まれる栄養素が異なります。たとえば、同じ肉でも肉の種類や部位によってとれる栄養素が違うのです。いろいろな食材を食べたほうが、たくさんの栄養素がとれて、栄養バランスがよくなります。

同じ肉でも種類によって、含まれる栄養素や栄養素の量は違うよ。

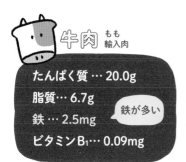

牛肉 もも 輸入肉

| たんぱく質 … 20.0g |
| 脂質 … 6.7g |
| 鉄 … 2.5mg （鉄が多い） |
| ビタミンB1 … 0.09mg |

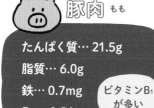

豚肉 もも

| たんぱく質 … 21.5g |
| 脂質 … 6.0g |
| 鉄 … 0.7mg （ビタミンB1が多い） |
| B1 … 0.94mg |

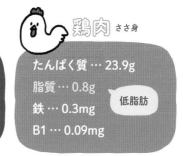

鶏肉 ささ身

| たんぱく質 … 23.9g |
| 脂質 … 0.8g |
| 鉄 … 0.3mg （低脂肪） |
| B1 … 0.09mg |

※ 100gあたりの数値

調理法が重ならないように！

- ●生で食べる
- ●煮る
- ●ゆでる
- ●いためる
- ●蒸す
- ●揚げる

　おかずがいため物2品、揚げ物2品などと調理法が重なると、油のとりすぎになります。また、栄養素によって熱に強いものや弱いもの、油にとけるもの、水にとけるものなど、性質が違います。いろいろな方法で調理したほうが、栄養素を偏りなく、効率的に摂取できます。

おやつでなく「補食」を活用

部活後

おなかすいたー！
でも、夕食まで
がまんしなきゃ。

スポッチ

エネルン

グ〜

がまん
しなくていい！

うわっ！
なになに！？

というより
食べなきゃダメ！

ふたりはそういう
けど、一日3食が
基本でしょ？

そうだけど、スポーツをする人、
特に成長期の人は、より多くのエネルギー
や栄養素が必要だから、食事だけでは
とりきれないこともあるんだ。

そういう場合は、
3食＋αが
必要だよ！

一日に必要なエネルギー

生きるのに必要な分	日常生活に必要な分	＋	スポーツに必要な分	成長に必要な分

そうなんだ。
じゃあ、おやつ
食べちゃお。

ストップ!!

OUT

なにを食べても
いいわけじゃないよ。
食事でとりきれないエネルギーや
栄養素がとれるものを
食べなきゃ。

おやつじゃなくて、
「補食」だからね！

そっか〜

補食の役割

1 エネルギーの補給（エネルギー不足を防ぐ）

2 集中力を高める

3 疲労回復の促進

ナイス！

適切に補食をとれば
スポーツのパフォーマンスも
向上するよ。

一日3食
プラス補食が
大事なんだね。

補食になにを食べたらいいの？

　食事だけでは必要なエネルギーや栄養素をとりきれない場合、重要なのが補食です。

　補食でかならずとりたい栄養素は、エネルギーになる糖質や、体を作るためのたんぱく質。さらに、ビタミン・ミネラルを補給することもたいせつです。

ツナのおにぎりや肉まん、ハムサンドなどは、糖質とたんぱく質がいっしょにとれるのでおすすめ。

補食のポイント！

▶ **エネルギー源となる糖質の多いものをとる。**
すばやくエネルギーに変わる糖質は、運動選手の補食には必要不可欠！

▶ **たんぱく質もプラスして筋肉の修復を促進。**
トレーニング後は、筋肉の分解・合成が進むので、筋肉の維持・増加のためにたんぱく源の補給を。

▶ **食事でとりきれないビタミン・ミネラルを補給。**
エネルギーの生成や体作りを助けるビタミン・ミネラルを補食で補いましょう。

▶ **練習と夕食に支障をきたさない量に！**
練習前や夕食前に食べすぎると、思うように体が動かなかったり、夕食が食べられなくなったりするので注意。

たとえば、こんなものを補食に

● 糖質の補給に

おにぎり　　パン　　バナナ　　大福

● たんぱく質の補給に

  サラダチキン

納豆　　ゆで卵　　サラダチキン　　ツナ

● ビタミン・ミネラルの補給に

くだもの　　牛乳・乳製品　　果汁100％ジュース

補食のタイミング

　補食はタイミングがとても重要。日中、練習の前後にとるのが基本です。

練習1〜2時間前 ▶ **練習直前** ▶ **練習** ▶ **練習後 30〜40分**

エネルギー源となる糖質が豊富な食べ物（おにぎりやバナナなど）と水分（果汁100％のジュース）などをとる。

吸収が早く、糖質がすばやく補給できるゼリー飲料やスポーツドリンクを。

おにぎりやゆで卵、カステラ、ヨーグルトドリンクなどで、糖質とたんぱく質を補給。

練習前は、「練習1〜2時間前」「練習直前」のいずれかに補食をとりましょう。

適切な水分補給も必要

水分補給のポイント

運動中は、たくさんの汗をかくため、体から水分が奪われます。体重の2％の水分が失われると体は脱水状態になり、運動能力やスポーツの成績が低下します。さらに脱水が進むと熱中症になる危険もあるので、運動をするときには充分な水分補給を。運動前後、また運動中もこまめに水分をとりましょう。

運動中の水分補給のポイントは？

● 自由に水分を補給できるように準備しておく。
→ 練習中、すぐに手にとれる場所に水筒やペットボトルを置いておき、自由に飲む。

● こまめに回数を分けて飲む。
→ 1回200mℓ〜250mℓ、1時間に2〜4回は水分補給をするように心がける。

● 少し冷たいもの、食塩を含んだものは
吸収がよいのでおすすめ。
→ 5〜15℃に冷やした水分で、0.1〜0.2％の食塩を含むものがよい。

● 1時間以上運動する場合は、
糖質を含んだものを飲んで疲労を予防。
→ 糖質を4〜8％程度含んだ飲み物でエネルギーも補給！疲労の予防に役立つ。

> 運動によって失う水分の量が、体重の2％を超えないように水分補給をすることがたいせつ！

> 私の体重は50kgだから、その2％は1kg＝約1ℓ。つまり、失う水分が1ℓを超えないように水分をとればOKってことだね！

スポーツドリンクのラベルをチェック！

スポーツドリンクにどのくらいの食塩、糖質が入っているかは、ラベルにある「栄養成分表示」の炭水化物とナトリウムの量を確認すればわかります。運動中の水分補給に適したドリンクを選ぶ参考にしましょう。

■ 0.1〜0.2％程度の食塩
→ 100mℓあたり、ナトリウム40〜79mg

■ 4〜8％の糖質
→ 100mℓあたり、炭水化物4〜8g

> スポーツドリンクやイオン飲料には、食塩や糖質が含まれているので、激しい運動をするときの水分補給にはぴったりだよ。

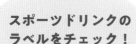
たとえば…

栄養成分表示 （100mℓあたり）	
エネルギー	20kcal
たんぱく質	0g
炭水化物	5.2g
食塩相当量	0.1g
カリウム	10mg
マグネシウム	0.8mg

糖質は5％ほど含まれている。

ナトリウムがなく食塩相当量のみで示されていることも。この表記なら、含まれる食塩は0.1％

カルシウム たっぷり 乳製品 のレシピ

意識しないと不足しがちなカルシウム、体に吸収されやすい乳製品をじょうずに料理に使っていきましょう。
牛乳だけではなく、チーズ、ヨーグルトなどもとり入れ、食卓を豊かに！

ヨーグルトの水分だけで作った濃厚なカレーで、ごはんももりもり食べられます。

カツオのヨーグルトカレー

1人分

エネルギー**728**kcal ／ たんぱく質**37.7g** ／
脂質**11.6g** ／ 炭水化物**111.5g**

カルシウム ▶ 172mg

材料／ 2 人分

カツオ	さく½本 (200g)
Ⓐ 白ワイン	大さじ 1
塩・こしょう	各少量
玉ねぎ	½個 (100g)
赤パプリカ	½個 (60g)
サラダ油	小さじ 1
プレーンヨーグルト	1 カップ
カレールー (市販品)	30g
温かいごはん	2 皿分 (500g)

作り方

1 カツオは 7 ～ 8mm厚さに切り、Ⓐをからめる。

2 玉ねぎは薄切りにする。パプリカはへたと種を除き、横に薄切りにする。

3 フライパンにサラダ油を弱火で熱し、**2**を入れてしんなりとなるまで 5 ～ 6 分いためる。軽く汁けをきった**1**を加え、中火で 1 ～ 2 分いためる。

4 カツオの表面が白っぽくなってきたらヨーグルトを加え、煮立ったらいったん火を消してカレールーをとかす。再び火にかけ、弱火で 1 ～ 2 分煮る。

5 器にごはんを盛り、**4**をかける。

食べ方ポイント

● カツオはカルシウムの吸収を助けるビタミンDが豊富です。ヨーグルトが生臭さをおさえるので、魚が苦手でも食べやすい。

● カツオは、肉のようにじっくり煮込まなくても火が通るので、時間のないときにも便利。ただし、火の通しすぎには注意して。

● カツオを鶏肉などにかえてもヨーグルトカレーに合います。季節の野菜を加えてアレンジしてもよいでしょう。

副菜でこまめにカルシウム補給。

ほうれん草のクリームチーズあえ

1人分

エネルギー**90**kcal／たんぱく質**3.1**g／脂質**7.0**g／炭水化物**4.4**g

カルシウム ▶ 80mg

材料／2人分

ほうれん草	120g
クリームチーズ	30g
牛乳	大さじ½
Ⓐ すり白ごま	大さじ1
砂糖	小さじ1
しょうゆ	少量

作り方

1 ほうれん草は熱湯でゆでて水にとり、水けを絞って3cm長さに切り、さらに水けを絞る。

2 ボールにクリームチーズを入れてやわらかく練り、牛乳を加えてのばしてⒶを加え混ぜる。食べる直前に**1**を加えてあえる。

カルシウムが豊富な小松菜を使い、牛乳とチーズでさらにカルシウムをアップして。

小松菜のミルクスープ

1人分

エネルギー**228**kcal／たんぱく質**9.4**g／脂質**13.7**g／
炭水化物**16.7**g

カルシウム ▶ 331mg

材料／2人分

小松菜	100g
玉ねぎ	½個(100g)
にんじん	40g
バター・小麦粉	各大さじ1
水	1カップ
Ⓐ 牛乳	1カップ
顆粒ブイヨン	小さじ1
塩・こしょう	各少量
スライスチーズ	2枚

作り方

1 小松菜は2cm長さ、玉ねぎは1cm角に切る。にんじんはいちょう切りにする。

2 なべにバターを熱し、玉ねぎ、にんじんをいため、玉ねぎが透き通ってきたら小麦粉を加えていためる。水を加え、にんじんがやわらかくなるまで煮る。

3 小松菜とⒶを加え、塩、こしょうで味をととのえる。器に盛り、チーズをちぎって入れる。

ビタミンK たっぷり 納豆のレシピ

一日1パック（40～50g）食べるのを目標にするために、あきずに食べられるようなレシピを
ご紹介します。このほか、みそ汁に入れたり、のりで巻いたり、くふうして食べましょう。

ひき割り納豆のビタミンK量は、粒納豆の約1.5倍。
なめらかな食感で、具材によくからむ納豆だれにアレンジ。

豚しゃぶ 納豆だれがけ

1人分

エネルギー**264**kcal／たんぱく質**19.1**g／
脂質**17.7**g／炭水化物**5.3**g

ビタミンK ▶ **254**μg

材料／2人分

豚こま切れ肉	160g
もやし	120g
にら	40g
┌ ひき割り納豆	1パック (45g)
酢	大さじ1
Ⓐ しょうゆ	小さじ2
└ 一味とうがらし	小さじ¼

作り方

1 もやしはさっと洗い、水けをきる。にら
は4cm長さに切る。

2 Ⓐは順に混ぜる。

3 なべに1ℓの湯を沸かし、**1**を30秒ほど
ゆでてざるにとる。火を消し、同じ湯
に豚肉を一度に入れ、菜箸でほぐす。
肉の色が完全に変わったら別のざるに
あげ、広げてさます。

4 器にもやしとにらを盛り、豚肉をのせて、
2をかける。

食べ方ポイント

● 納豆のビタミンKは大豆を発酵させる過程で生成される。ひき割
り納豆は、大豆の粒を砕いて表面積が増えるため、発酵時にで
きるビタミンKの量が増えたもの。

● ビタミンKの多いモロヘイヤをにらの代わりに使えば、さらにビ
タミンKの摂取量も増えて、Good!

よく混ぜた納豆を加えることで、ふわっとした食感に！　山芋の代わりになります。

納豆のふわっとお好み焼き

1人分

エネルギー**413**kcal ／ たんぱく質**25.4**g ／ 脂質**19.9**g ／
炭水化物**33.3**g

ビタミンK ▶ 444µg

材料／1人分

納豆	1パック (50g)
卵	1個
牛乳	大さじ3
小麦粉	大さじ2
キャベツ	2枚
ちりめんじゃこ	大さじ2
サラダ油	小さじ1

Ⓐ ┌ マヨネーズ・中濃ソース・
　　削りガツオ・青のり・
　　└ 紅しょうが…好みで各適量

・栄養価はマヨネーズ・ソース各小さじ1、削りガツオ・紅しょうが各3g、青のり少量 (0.5g) で算出。

作り方

1 ボールに納豆を入れて白っぽくなるまでよく混ぜる。卵をとき入れて混ぜ、牛乳を加え混ぜる。小麦粉をふり入れて混ぜ、細切りのキャベツとちりめんじゃこを加え混ぜる。

2 フライパンに油を熱して**1**を流し入れ、ふたをして弱火で約5分焼く。裏返して2〜3分焼く。

3 適宜切り分けて器に盛り、好みでⒶをかける。

マグロ納豆のアボカド版。パンにもよく合う！

アボカド納豆

1人分

エネルギー**220**kcal ／ たんぱく質**8.7**g ／
脂質**17.3**g ／ 炭水化物**10.6**g

ビタミンK ▶ 240µg

材料／1人分

┌ 納豆	1パック (40g)
└ 添付のたれ	1袋
アボカド	½個 (70g)
しょうゆ	小さじ½
練りわさび	小さじ¼

作り方

1 納豆は添付のたれを混ぜ合わせる。アボカドはさいの目に切り、しょうゆとわさびを加え混ぜる。

2 納豆とアボカドを合わせて混ぜる。

ポイント⑦

鉄 たっぷり レバーのレシピ

食品の中でダントツの鉄含有量を誇るレバーですが、処理をめんどうに感じる人や、
レバー独特の臭みが気になる人も多いようです。処理の仕方を36ページで紹介しますので、
ぜひこの機会に覚えて、料理にとり入れていきましょう。

ビタミンCの多いパプリカで、鉄の吸収率がさらにアップ。

豚レバーとパプリカの
カレーいため

1人分
エネルギー**202**kcal／たんぱく質**14.3**g／
脂質**8.3**g／炭水化物**15.4**g

鉄 ▶ **8.5**mg

食べ方ポイント

● ごはんにのせて、どんぶりにしてもおいしい。パンにも合う。

材料／2人分

豚レバー	120g
Ⓐ しょうゆ・酒	各小さじ1
赤パプリカ	大½個 (80g)
玉ねぎ	½個 (100g)
ごま油	大さじ1
Ⓑ おろししょうが	1かけ分 (15g)
みりん	大さじ1
しょうゆ	小さじ2
オイスターソース	小さじ1
カレー粉	小さじ½
あらびき黒こしょう	少量
塩	ごく少量

作り方

1 レバーは3〜5mm厚さに切り、塩少量(分量外)を入れた水に5分つけて血抜きをする。ざるにあげてキッチンペーパーで水けをふきとる。Ⓐをからめて10分おき、汁けをふく。Ⓑは混ぜ合わせる。

2 赤パプリカはへたと種を除き、斜めに3mm幅に切る。玉ねぎは薄切りにする。

3 フライパンに油を熱し、玉ねぎをいためる。透き通ったら端に寄せ、1のレバーを並べる。玉ねぎのところにパプリカを加えていためる。

4 レバーの色が変わったら裏返してさっと焼く。全体をいため合わせ、Ⓑを加えて手早く混ぜる。

短時間で煮つめるのが、おいしく煮上げるポイント。まとめ作りして、鉄分補給に！

鶏レバーのにんにく塩煮

⅙量

エネルギー**63**kcal／たんぱく質**9.6**g／脂質**1.6**g／
炭水化物**1.2**g

鉄▶4.6mg

材料／作りやすい分量

鶏レバー ……………… 300g
┌ にんにく（みじん切り）
│ ………………… 2かけ
│ 酒 …………… 大さじ1½
│ 塩 ………… 小さじ⅓〜⅔
Ⓐ 顆粒鶏がらだし
│ ………………… 小さじ½
│ あらびき黒こしょう
│ ………………… 小さじ½
└ 水 …………… 1カップ

作り方

1 レバーは下処理をする(36
ページ)。

2 なべに湯を沸かし、**1**を
入れて表面の色が変わる
まで30秒ほどゆで、ざる
にあげて湯をきる。

3 なべにⒶを入れて中火に
かけ、煮立ったら**2**を加
えて、強めの中火でなべ
を揺すりながら汁けがほ
とんどなくなるまで煮る。

・冷蔵保存で3日ほどもつ。
・写真は半量。

- -

レバーににらを合わせてビタミンもたっぷり！

豚レバーとにらの香味いため

1人分
エネルギー**201**kcal／たんぱく質**16.0**g／
脂質**10.5**g／炭水化物**7.9**g

鉄▶7.3mg

材料／2人分

豚レバー ……………… 150g
にら …………… 1束 (100g)
にんにく ……………… 1かけ
しょうが ……………… 1かけ
┌ しょうゆ・酒… 各大さじ1
（混ぜる）Ⓐ おろし玉ねぎ …… 大さじ½
│ ごま油 ………… 小さじ1
└ 砂糖 …………… 小さじ½
かたくり粉 ……… 大さじ½
サラダ油 ……… 大さじ1

作り方

1 にらは4〜5cm長さに切る。
にんにくとしょうがはみじ
ん切りにする。

2 レバーは一口大のそぎ切
りにして塩少量(分量外)
を入れた水か氷水に10分
つける(下処理36ページ)。
水けをしっかりふき、Ⓐ
を大さじ1、もみ込んで
10分おく。汁けをふき、
かたくり粉をまぶす。

3 フライパンにサラダ油を
中火で熱し、**2**を並べ入れ、
両面にこんがり焼き色が
つくまで焼く。

4 にんにくとしょうがを加え
ていため、香りが立った
らにらを加えてひといた
めする。残りのⒶをまわ
し入れ、手早くいためる。

レバーの下処理のしかた

レバーとは肝臓のことで、豚レバー、鶏レバー、牛レバーが一般的。
血抜きや調理のくふうで、においはやわらげることができます。
この本に登場する鶏レバー、豚レバーの下処理のしかたを紹介します。

鶏レバー

下処理のしかた

1 鶏レバーは心臓がつながっていれば切り離す。脂肪のかたまりがあれば切り除き、さっと水洗いし、水けをきる。用途に応じた大きさに切る（**A**）。

2 ボールに**1**を入れてかぶるくらいの水を入れ、途中で数回水をかえながら10分ほどおいて血を洗い流す（血抜き・**B**）。ざるにあげてキッチンペーパーで水けをふく。

A レバーは水分が多く、くずれやすいのであまり細かく切らないこと。破線のところで4つに切るくらいの大きさが目安。

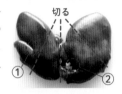
切る
① ②

① ここで切り離したくなるが、ここは切らない。
② 筋や薄い膜は気になるようならとり除く。

B 何度か水をかえて手でさっと洗う。あるいは、ボールの中で流水にさらせば自然な対流でほどよく血が抜ける。切ってからでないと血が抜けにくい。

豚レバー

下処理のしかた

1 豚レバーは脂肪のかたまりがあれば切り除き、さっと水洗いし、水けをきる。用途に応じた大きさに切る。

2 ボールに**1**を入れてかぶるくらいの水を入れ、塩少量を入れて5分ほどおく。ざるにあげてキッチンペーパーで水けをふく。

※ゆでて血抜きしてもOK。ゆでる場合はしょうがやねぎ、ロリエなどとともにゆでこぼす。

レバーが水から出ていると、その部分の血抜きができないので、全体が水に浸るように注意する。

それぞれ1回目安量あたりの鉄量

7.8mg
5.4mg
2.4mg

豚レバー　鶏レバー　牛レバー
（60g）　（60g）　（60g）

レバーの鉄量は、豚レバーがトップ！

レバーはどれも鉄を多く含みますが、なんといっても豚レバーがナンバー1。豚レバーに次いで鉄の多い鶏レバーもぜひ活用を。毎日手軽にとれるように、日持ちのする常備菜やレバーペーストにするのもよいでしょう。

PART 2

目的別
スポーツ栄養学

& RECIPE

筋力・瞬発力型

陸上短距離、柔道、レスリングなど

大きなパワーを瞬間的に作動させる必要がある競技

　筋力とは、筋肉が持つ能力（パワー）のことで、持ち上げられる重さによって計ることができます。そして瞬発力とは、そのパワーを瞬時に発揮する力のことです。筋力・瞬発力型の競技は、大きな筋力を備え、なおかつそのパワーを短い時間に、最大限に発揮する必要があるスポーツになります。

　たとえば、重いバーベルを一気に持ち上げるウ

エイトリフティング、砲丸や槍などを遠くに投げる投てき競技、相手の一瞬のスキをついて技をかけ、相手を倒す柔道やレスリングなどです。また、数秒～数十秒の間、最大限のパワーを出し続ける必要がある短距離走や短距離の競泳なども筋力・瞬発力型の競技となります。

筋力・瞬発力型の競技とは

数秒から数十秒の短い間に
最大限のパワーを発揮する競技

たとえば…

- ▶ 短距離走（100~400m）、800m走、ハードル走、リレー
- ▶ 跳躍競技（走り高跳び、棒高跳び、走り幅跳び、三段跳び）
- ▶ 投てき競技（砲丸投げ、円盤投げ、ハンマー投げ、槍投げ）
- ▶ 水泳（50~200m）
- ▶ 柔道やレスリング格闘技系
- ▶ ウエイトリフティング

筋力・瞬発力型の競技の選手は、筋肉が大きく発達しているぞ！

筋肉量の増加につながるたんぱく質＋ビタミンを摂取

筋力・瞬発力型の競技の選手は、瞬間的に大きな力が発揮できるよう、筋肉の量を増やす必要があります。食事では、筋肉の材料になるたんぱく質を充分にとりましょう。特に、運動をすると筋肉の合成が促進されるので、運動後30分以内にたんぱく質を摂取するのがポイントです。

ただし、たんぱく質だけをとればよいというわけではありません。筋肉の合成を助けるビタミンもいっしょにとる必要があります。特に重要なのが、ビタミンB_6とビタミンCです。

また、筋肉を動かすエネルギーとなる糖質も必要です。糖質が不足すると、体は代わりにたんぱく質を使ってエネルギーを作り出そうとするため、筋肉を構成するたんぱく質も分解されてしまいます。たんぱく質といっしょに糖質も摂取しましょう。

一方、アミノ酸から作られるクレアチンには、筋肉を動かすために必要な「ATP」というエネルギーを、筋肉に供給する役割があります。トレーニングや試合前に、重要とされている成分です。

特に重要な栄養素と成分

筋肉の材料になる ➡

■ たんぱく質
筋肉などの材料となる栄養素。筋肉を太くしたり、こわれた筋肉を修復したりするために必要。

筋肉の合成を助ける ➡

■ ビタミン B_6
たんぱく質が筋肉になるのを助ける栄養素。たんぱく質といっしょにとる必要がある。

■ ビタミン C
筋肉にも含まれるコラーゲンを作るために必要。疲労の回復を助ける効果もある。

筋肉を動かすのに必要 ➡

■ 糖質
体のおもなエネルギー源。筋肉がエネルギーとして使われないようにするために、充分にとる必要がある。

■ クレアチン
必須アミノ酸のグリシンやアルギニンなどから合成される成分で、筋肉を動かすエネルギーとなる「ATP」という物質を供給する。瞬発的なパワーを出すために必要。

必須アミノ酸とは？
アミノ酸とは、たんぱく質を構成する成分。体の必要なアミノ酸のうち、体内で合成できない9種類のアミノ酸を必須アミノ酸といいます。食品によって含まれる必須アミノ酸は違うので、さまざまな食品からたんぱく質をとりましょう。

> クレアチンは体内で合成されるよ。アジやニシンなどの魚類や赤身肉にも多く含まれるといわれているよ。

EIYO

具体的なおすすめ食材やメニューについては、「筋肉をつけるための食事」（48ページ）へ。 39

持久力型

陸上や水泳などの長距離、自転車ロードレース、トライアスロンなど

マラソンのように長時間、 運動を続ける競技

ある一定のパワーを継続して発揮する力のことを持久力といいます。この持久力が必要なのが持久力型の競技です。筋力・瞬発力型にくらべれば必要な筋力はそれほど大きくありませんが、長時間運動し続けるスポーツです。

持久力型競技の特徴は、有酸素運動であることです。長い時間、筋肉を収縮させるために、エネルギーだけでなく、酸素も消費します。

持久力型競技の代表としてあげられるのは、マラソンや5000m、10000mなどの長距離走です。水泳・自転車・ランニングの3種目を続けて行なうトライアスロンも持久力型になります。そのほか、自転車のロードレース、長距離の水泳やスキー、セーリング、カヌーなどがあります。

持久力型の競技とは

ある一定のパワーが必要な運動を
長時間、続ける競技

たとえば…

▶ 中長距離走（1500m、5000m、10000m、3000m障害、マラソン、競歩）

▶ 自転車のロードレース

▶ トライアスロン

▶ 長距離の水泳競技

▶ 長距離のスキー競技（クロスカントリーなど）

長時間の運動でエネルギー不足にならないように……

　長時間、体を動かし続ければ、その分、大量のエネルギーを消費します。そのため、持久力型競技の選手の食事でまずたいせつなのは、エネルギー源の糖質を充分に摂取すること。体にできるだけ糖質（グリコーゲン／54ページ参照）を蓄えておく必要があります。食事はもちろん、運動前、運動後の補食で、糖質をしっかりと補給しましょう。

　また、持久力型競技は、酸素不足になると急激にパフォーマンスが低下します。一方、運動する時間が長い分、汗を大量にかくため、いっしょに鉄が失われやすいのも持久力型競技の特徴です。鉄が不足して貧血になると体は酸欠状態になってしまいます。鉄を多めにとることを心がけましょう。

　もう一つ、汗といっしょに失われやすいのが、カルシウムです。カルシウムは、骨の材料になる栄養素で、じょうぶな骨を作るために欠かせません。長い時間、体に負荷をかける持久力型競技の選手は、疲労骨折のリスクも高いので、カルシウムを充分に摂取することが重要です。骨の合成を助けるビタミンの補給も忘れずに。

特に重要な栄養素

持続的にエネルギーを生み出す

■ 糖質
体を動かすおもな栄養素で、筋肉の収縮にも使われる。エネルギー源として、毎食しっかりと補給を。

■ ビタミンB$_1$
糖質からエネルギーを作り出すときに必要な栄養素。糖質を効率よくエネルギーに変換するために必要。

全身に酸素を供給する

■ 鉄
ヘモグロビンの材料になる栄養素。ヘモグロビンは体中に酸素を運ぶ働きがある。

■ ビタミンC
鉄の吸収を助けたり、ヘモグロビンの合成を促進したりする働きがある。

骨折を予防する

■ カルシウム
骨の材料になる栄養素。カルシウムが不足するとじょうぶな骨が作れなくなり、骨折のリスクが高くなるので注意。

■ ビタミンK
カルシウムを骨に沈着させて、骨の形成を促す作用がある。

■ ビタミンD
カルシウムの吸収を高めたり、骨へのカルシウムの沈着を助けたりする。骨が破壊されるのをおさえる働きも。

具体的なおすすめ食材やメニューについては、「持久力をつけるための食事」(54ページ)や「ケガを予防するための食事」(60ページ)へ。

混合型

サッカー、野球・ソフトボール、バスケットボール、バドミントンなど

筋力・瞬発力型と持久力型、両方の特徴を持つ競技

　混合型の競技とは、瞬発力と持久力の両方の能力が必要なスポーツのことです。長時間、継続して体を動かしながら、瞬間的に大きなパワーを発揮する必要があります。

　代表的なのが、バスケットボールやサッカー、野球、テニスなどの球技です。たとえばサッカーの場合、前半・後半それぞれ45分間の間、ピッチを動

き回り続けるためには持久力が必要です。一方、ドリブルで一気に加速して相手の陣地に攻め込んだり、シュートを打ったりするときなどには筋力・瞬発力が必要になります。

　球技のほか、一人の選手がフェンシング、水泳、馬術、レーザーラン（射撃とラン）を行う近代五種競技も混合型の競技に当てはまります。

混合型の競技とは

筋力・瞬発力と持久力の
両方が必要な競技

たとえば…

- ▶ サッカー
- ▶ バスケットボール
- ▶ 野球・ソフトボール
- ▶ テニス
- ▶ ラグビー
- ▶ バドミントン
- ▶ ホッケー
- ▶ バレーボール
- ▶ 卓球

筋力・瞬発力も、持久力も、判断力も身につけるためには？

混合型競技の選手は、筋力・瞬発力と持久力、それぞれに必要な栄養をすべて、バランスよくとることを心がけましょう。筋力・瞬発力型の競技ほど太い筋肉が必要なわけではありませんが、質のよい筋肉を作るためには、適切にたんぱく質をとらなければいけません。筋肉の合成に必要なビタミンB₆やビタミンCもいっしょにとりましょう。

持久力アップにはエネルギー源の糖質が必須。また、体の酸素が不足すると、継続して運動ができなくなるため、ヘモグロビンの材料となる鉄の補給

も重要です。

また、混合型競技（球技）は、相手の動きやチームの状態といった状況を的確に判断し、攻撃したり、守ったりしなければなりません。集中力や判断力が重要な頭脳競技なのです。糖質や鉄は、脳が活発に働くようにするために必要な栄養素でもあります。糖質は脳のほぼ唯一の栄養素。そして、ヘモグロビンは脳に充分な酸素を供給するために必要だからです。糖質や鉄の不足はパフォーマンスを低下させるので注意しましょう。

特に重要な栄養素

たんぱく質から筋肉を作ったり、糖質を効率よく使ったりするために、ビタミンも必要だよ！

筋肉をつける

■ **たんぱく質**
質のよい筋肉を作るために必要。筋肉は破壊・修復をくり返しているので、一日3回の食事できちんと補給すること。

持久力を高める 集中力を保つ

■ **糖質**
筋肉や脳のおもなエネルギー源。糖質が不足すると、筋肉が分解されてしまったり、脳の働きが悪くなったりするので注意。

■ **鉄**
血中のヘモグロビンの材料。鉄が不足するとヘモグロビンが作れなくなり、筋肉も脳も酸欠になって、持久力が低下する。

骨折を予防する

カルシウムとビタミンDには筋肉の収縮を正常に保つ働きもあって、スポーツ選手にとって重要な栄養素なんだ！

■ **カルシウム**
骨の主成分で、じょうぶな骨を作るために必要な栄養素。運動をする人や成長期の子どもは不足すると成長に支障が出る。

■ **ビタミンK**
■ **ビタミンD**
どちらもカルシウムが骨に沈着するのを助け、健康な骨を作るために必須。ビタミンDには、カルシウムの吸収を助ける作用もある。

具体的なおすすめ食材やメニューについては、「筋肉をつけるための食事」（48ページ）、「持久力をつけるための食事」（54ページ）、「ケガを予防するための食事」（60ページ）へ。

その他の競技

体操・新体操、ゴルフ、スノーボードなど

「その他の競技」 に含まれる3つのおもな競技タイプ

筋力・瞬発力型、持久力型、混合型とは違った特徴を持つ競技の一つに審美競技があります。これは新体操やフィギュアスケートなど、見た目が成績に影響するスポーツのことです。競技レベルの向上と同時に、体型維持が必要になります。

次に挙げられるのは、集中力がパフォーマンスに大きく影響する競技です。ゴルフやアーチェリーなどがこれに当たるでしょう。よい成績を上げるには、一打（一射）ごとに集中力を高めて、実力を出しきる必要があります。

このほか、特に体幹の強さが必要とされる競技もあります。サーフィンやスノーボードなどです。腹筋や背筋などの体幹の筋力アップが、体のバランス維持としなやかな動作につながります。

その他の競技とは

体型維持が必要な競技（審美競技）

たとえば…

▶ 体操・新体操
▶ フィギュアスケート
▶ アーティスティックスイミング

特に集中力が必要な競技

たとえば…

▶ ゴルフ
▶ アーチェリー
▶ 射撃

特に強い体幹が必要な競技

たとえば…

▶ サーフィン
▶ スノーボード・スケートボード
▶ 自転車競技（BMX など）
▶ 空手

競技の特徴に合わせた食事のポイントは?

　審美競技の選手は、体型維持のため減量が必要になる場合もあります。だからといって、食事を抜くのは逆効果。長時間、空腹が続くと、体は「飢餓状態」だと判断し、かえって脂肪をため込もうとするからです。また、無理な減量は無月経にもつながりかねません。3食きちんと食べながら、1食のエネルギーをおさえるくふうを。たんぱく質はきちんととりながら、脂質を控えるのがポイントです（72ページ参照）。

　特に集中力が必要な競技の場合は、脳のエネルギー源となる糖質の補給がポイント。練習や試合のときに糖質不足にならないよう、必要に応じて、競技前や競技中にも糖質を摂取しましょう。

　強い体幹が必要な競技の場合は、筋肉の材料となるたんぱく質を充分にとりましょう。食事だけでなく、運動後も、なるべく早くたんぱく質を摂取すること。また、スノーボードやスケートボード、BMXなどは転倒してケガをするリスクが高いという特徴も。カルシウムなど、骨作りに必要な栄養素も積極的にとりましょう。

特に重要な栄養素

減量が必要なとき ポイントとなる栄養素

新体操やフィギュアスケートなど

■ たんぱく質 【キープ】

減量のためには食事全体のエネルギー量を減らす必要があるが、たんぱく質を減らすのはNG。たんぱく質の量はキープして、筋肉量を維持しつつ、体重を減らそう。

■ 脂質 【減らす】

食事のエネルギー量を減らすために、まず、控えるべきなのは脂質の摂取量。特に夕食で脂質をとりすぎると、消費されずに体脂肪として蓄積されてしまうので注意。

集中力を切らさないために必要な栄養素

ゴルフやアーチェリーなど

■ 糖質

脳のおもな栄養源は糖質。不足すると脳の働きが悪くなる。集中力維持のためには、毎食、きちんと糖質を摂取する必要がある。

摂取するタイミングも大事！試合時間の長いゴルフなどは、ラウンド中にもこまめに糖質を補給しよう。

食事で心と体のコンディションを整えよう！

　つねに審査員のきびしい目にさらされる審美競技や、微妙なボディコントロールが必要なゴルフやアーチェリーなどの競技は心や体のコンディションが競技の成績に大きな影響を与えます。わずかな体調不良や気分の落ち込みがミスにつながりやすいのです。

　競技でよい成績をおさめるためには、つねに心身のコンディションをよい状態にキープしておきたいもの。そのためにできることの一つが「規則正しい食事」です。できるだけ決まった時間に、栄養バランスのよい食事をとることが、心身の調子を整えるのに役立ちます。特に朝食は、体内時計をリセットする役割があるので重要。朝食を食べて血糖値が上がると、体内時計が正常に動くようになります。これが体の調子を整えることにつながります。

スポーツ栄養 なんでもQ&A ①

Q 野菜ジュースは野菜の代わりになる

結論からいうと、野菜ジュースは野菜の代わりにはなりません。野菜を加熱したり、汁を搾ったりする過程で、ビタミンCや食物繊維など、損なわれてしまう栄養素があるからです。商品によってはあとから栄養素を添加しているものもあります。また、野菜ジュースだけでは、とれる野菜の種類が限られてしまうというデメリットもあるでしょう。

ただし、野菜ジュースが体に悪いというわけではありません。ビタミンA（β-カロテン）や鉄など、ジュースにしたほうが吸収率の上がる栄養素もありますし、なにより、ビタミンやミネラルを手軽にとれます。食事の補助として、じょうずに利用するとよいでしょう。

野菜ジュースの種類 ─── 野菜100%のジュース
野菜と果汁がミックスされているジュース ─── 野菜50%以上のもの / 野菜50%以下のもの

> 野菜ジュースは商品によって含まれる野菜の量が違うから、確認して選ぼう。

カップめんって体に悪いの

カップめんが体に悪いと言われるのには理由があります。その理由の一つが、カップめんに含まれているリン酸塩によるリンの過剰摂取です。リンは骨や歯の成長に必要な栄養素ですが、とりすぎると、カルシウムの吸収を妨げてしまうのです。

リン酸塩はめんのこしや色をよくする役割のある「かんすい」としてカップめんなどのインスタントめんに使われているほか、ハムやソーセージ、かまぼこなどにもよく使われています。知らず知らずのうちにとりすぎてしまいやすいので、気をつけましょう。

また、カップめんのめんは油で揚げているものが多く、その油脂が酸化してできた「過酸化脂質」は体に有害なことが知られています。

食べるときは一度湯を注いで湯を捨てるなどするとよいでしょう。また、野菜を加えるなどして栄養素が偏らないようにしましょう。

カップめんに入っている添加物 リン酸塩

> とりすぎると、体内のカルシウムの吸収が悪くなる

カルシウム不足

筋肉を増やすには、鶏ささ身がいちばんいいの

筋肉を増やすためには、材料となるたんぱく質が必要です。確かに、鶏ささ身は高たんぱく低脂肪で、たんぱく質源として優秀な食材ですが、そればかりを食べるのはよくありません。

たとえば、おすすめなのが牛赤身肉です。牛赤身肉には、たんぱく質はもちろん、鉄や亜鉛といったミネラルも多く含まれています。鉄はパフォーマンス低下の原因になる貧血を予防しますし、亜鉛は骨の成長や新しい筋肉の形成にも必須です。

また、牛赤身肉には、たんぱく質を体内で利用するために必要なビタミンB_6も豊富。100 g 中に一日に必要なビタミンB_6の約1／3量を含んでいます（輸入牛肉・ももの場合）。スポーツをする人にぜひ食べてほしいおすすめの食材です。

また、サケならビタミンDが豊富です。なるべく多種の食材からたんぱく質を摂取するほうが、栄養バランスもよくなります。

牛赤身肉は優秀なたんぱく源！

● 肉類のなかでもたんぱく質が豊富。牛もも肉（輸入肉）100g中に約20g

● 貧血予防に役立つ鉄が豊富

● 骨や筋肉の成長に必要な亜鉛が豊富

● たんぱく質から筋肉が作られるのを助けるビタミンB_6も豊富

Q プロテインって必要なの？

プロテイン（protein）は日本語に訳すと「たんぱく質」ですが、 般的に「プロテイン」というと、たんぱく質を主成分とするサプリメントを指します。

スポーツをする人にはプロテインが必要不可欠かというと、かならずしもそうではありません。栄養補給の基本は食事です。食事から充分なたんぱく質がとれていれば、プロテインは必要ないでしょう。

プロテインの長所は、なんといっても手軽さです。疲労回復や筋力アップのためには、練習後30分以内にたんぱく質を補給することが有効ですが、すぐに食事を用意するのがむずかしい場合もあります。そんなときにはプ

ロテインもよいでしょう。

たとえば、牛乳由来の「ホエイプロテイン」。アミノ酸が豊富で消化吸収が速いという特徴があります。

こんなときにプロテインが便利

● 運動後、すぐに食事ができないとき

● 運動後、食欲がなくて、食べ物がのどを通らないとき

目的別｜栄養のポイント①

筋肉をつけるための食事

POINT 1 筋肉の材料・たんぱく質を充分にとる

　筋肉強化のためには、筋肉の材料になるたんぱく質を充分にとる必要があります。必要なたんぱく質の量は、体格や競技によって違いますが、「体重（kg）×1〜2g」が一つの目安となります。

食品に含まれるたんぱく質の量（例）

●牛もも肉（輸入牛）100g　●鶏ささ身肉　50g　●卵1個（50g）　●納豆1パック（40g）

20.0g　　　　12.0g　　　　6.2g　　　　6.6g

たんぱく質の摂取量（一日の目安）＝ 体重（kg）× 1〜2g

※体重50kgの場合は50×（1〜2g）＝50〜100g

POINT 2 たんぱく質はいっぺんにではなく、こまめにとる

　たんぱく質を一度にたくさんとっても、余分は尿に出てしまいます。大量にとっても、有効に活用されません。3回の食事＋補食に分けて、必要な量を摂取するようにしましょう。

1回の食事につき、たんぱく質20〜30gが目安

毎日たんぱく質をとろう

昼食　補食　朝食　夕食　いただきます！

たんぱく質が豊富なおすすめ食品は？

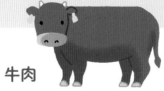

牛肉
良質なたんぱく質が豊富。さらに鉄も多く含まれており、貧血予防にも効果的。脂肪の少ないヒレ、ランプ、ももがおすすめ！

鶏肉
皮以外は脂質が少ないので、減量中の人にもおすすめ。中でもたんぱく質が豊富なささ身、胸肉（皮なし）がおすすめ！

POINT 3 いろいろな食品からたんぱく質をとる

　肉や魚、豆類などには、たんぱく質以外の栄養素も含まれていて、どんな栄養素が多く含まれているかは食品によって違います。たとえば牛肉には鉄が多く含まれます。

　また、同じ肉でも、牛肉、豚肉、鶏肉では、摂取できる栄養素は違うのです（25ページ）。同じ食品ばかり食べずに、いろいろな食品からたんぱく質をとるようにしましょう。

動物性たんぱく質だけでなく、豆類や大豆製品などに含まれる植物性たんぱく質もバランスよくとろう！

POINT 4 糖質もいっしょにとる

　運動中や運動後、糖質が足りなくなると、体は代わりにたんぱく質からエネルギーを作り出そうとします。その結果、筋肉が破壊されてしまうことにもなりかねません。

　運動に必要なエネルギーをまかなえるよう、たんぱく質だけでなく、ごはんやめん類などで糖質もきちんととりましょう。

糖質が不足すると……

体内のたんぱく質を分解してエネルギーを作る

筋肉がこれる！

筋肉を構成するたんぱく質も分解される

POINT 5 体作りをサポートするビタミンB6・Cも重要

　筋肉を作り出すには、たんぱく質以外の栄養素も必要です。特に、ビタミンB6は重要。また、骨や腱（筋肉を骨に付着させる部分）を作るのに必要なビタミンCもいっしょにとりましょう。

- **ビタミンB6** … たんぱく質が筋肉になるのを助ける。

- **ビタミンC** … 骨や腱などを構成するたんぱく質の一種「コラーゲン」の生成に必要。

ビタミンB6が豊富な食品

レバー、鶏ささ身、豚ヒレ肉、カツオ、バナナ、アボカド、にんにくなど

※ビタミンCが豊富な食品については55ページ。

マグロ

魚の中でもDHAの量が多い。DHAは血栓の予防やコレステロールを減らす作用を持つ不飽和脂肪酸の一種。

カツオ

鉄やDHAのほか、疲労回復に役立つビタミンB1が多い。カツオやマグロは、ツナ缶を利用すると手軽にとれる。

イワシ

カルシウムが多く含まれているので、骨もいっしょにつみれにするのがおすすめ。ビタミンDや不飽和脂肪酸も豊富。

たんぱく質しっかりおかず

たんぱく質は毎食しっかりとりたい。そのためにも、肉、魚はもちろんのこと、豆腐などの大豆製品、卵など、いろいろな食材を食べるようにしましょう。ほかの栄養もいっしょにとれます。

八宝菜風の煮物なら、一品でたんぱく質も野菜もとれてバランスよし！

カジキの八宝菜風

1人分

エネルギー**355**kcal ／
脂質**19.5**g ／ 炭水化物**17.1**g

たんぱく質 ▶ **26.3**g

ビタミンB₆ **0.51**mg

食べ方ポイント

- カジキを鶏ささ身肉にかえても、おいしい。また、ごはんにかけて、どんぶりにすれば、汁がしみてごはんもたっぷり食べられる。

- カジキは魚の中でも、たんぱく質の合成をサポートするビタミンB₆が豊富。

材料／2人分

カジキ	2切れ (200g)
塩	少量
酒	小さじ1
かたくり粉	適量
厚揚げ	½枚 (150g)
干ししいたけ (水½カップでもどす)	3枚
にんじん	3cm
ピーマン	2個 (60g)
ねぎ	10cm
サラダ油	大さじ½＋大さじ½
顆粒鶏がらだし	小さじ½
Ⓐ ┌ オイスターソース	大さじ1
└ しょうゆ・酒	各小さじ1
┌ かたくり粉	大さじ1
└ 水	大さじ2

作り方

1 しいたけはもどし汁をとりおき、石づきを除いて1cm幅に切る。

2 カジキは一口大に切り、塩と酒をふってしばらくおく。汁けをふき、かたくり粉を薄くまぶす。厚揚げは5mm厚さの一口大に切る。にんじんは半月切りに、ピーマンは食べやすい大きさに切る。ねぎは斜め切りにする。

3 フライパンに油大さじ½を熱し、カジキの両面を色よく焼いてとり出す。

4 フライパンに油大さじ½を熱し、にんじん、しいたけ、ねぎを順に入れていため、しいたけのもどし汁と水適量(分量外)を合わせて1カップにし、顆粒だし、厚揚げとともに加えて煮立てる。Ⓐを加えて煮、野菜がやわらかくなったらピーマンと3を加えて煮る。

5 水どきかたくり粉でとろみをつける。

厚揚げと豚ひき肉、たんぱく質の豊富な食材がダブルのおかず。
厚揚げのうま味とトマトの酸味のバランスが絶妙です。

肉詰め厚揚げのトマト煮

1人分 エネルギー**355**kcal ／脂質**24.4**g ／ 炭水化物**11.0**g

たんぱく質 ▶ **22.9**g	ビタミンB₆ ▶ **0.36**mg

・写真は2人分

材料／2人分

厚揚げ	1枚 (300g)
豚ひき肉	50g
きくらげ (もどす)	2枚
スキムミルク	小さじ2
塩	少量
サラダ油	大さじ½
Ⓐ ┌ トマト (1cm角に切る)	2個 (300g)
しょうゆ	大さじ½
顆粒鶏がらだし	小さじ1
└ 水	¼カップ
水菜	適量

作り方

1 厚揚げは三角形に4等分に切り、断面に深く切り込みを入れる。きくらげは石づきを除いて刻む。

2 ボールにひき肉、きくらげ、スキムミルク、塩を入れてよく混ぜ、厚揚げに詰める。

3 フライパンにサラダ油を中火で熱し、**2**の肉を詰めた面から焼いて全面を焼きつけ、Ⓐを加えて煮汁をかけながら5分煮る。

4 器に盛り、2cm長さに切った水菜をのせる。

食べ方ポイント

● 肉だねにカルシウム豊富なスキムミルク、カルシウムの吸収を助けるビタミンDを含むきくらげを加えて、じょうぶな骨作りにも役立つおかず。肉だねを多めに作って冷凍保存しておけば、たんぱく質補給のおかずを手軽に作る手助けに！

たんぱく質 しっかり おかず

パンやごはんが進み、たんぱく質もエネルギーもとれる！　レバーが苦手でも食べやすい、まろやかな味。

鶏レバーのクリーム煮

1人分 エネルギー**324**kcal ／脂質**18.6**g ／炭水化物**14.7**g

| たんぱく質 ▶ **23.9**g | ビタミンB₆ ▶ **0.81**mg |

※雑穀パンを除いた栄養価。

材料／2人分

鶏レバー	200g
塩	ミニスプーン1
こしょう	少量
玉ねぎ	½個（100g）
まいたけ	1パック（100g）
バター	小さじ2（8g）
にんにく（薄切り）	½かけ分
小麦粉	小さじ2
白ワイン	大さじ1
牛乳	¾カップ
生クリーム	¼カップ
塩、こしょう	各少量

作り方

1 鶏レバーは一口大に切り、塩少量（分量外）を入れた水につける（下処理36ページ）。水けをしっかりふき、塩とこしょうをふる。

2 玉ねぎは繊維に直角に1cm幅に切る。まいたけはほぐす。

3 フライパンにバターとにんにくを入れて熱し、**1**を入れて中火で両面を焼く。

4 **2**を加えていため、小麦粉をふり入れて粉っぽさがなくなるまでいためる。

5 白ワインをふり、汁けがとんだら牛乳と生クリームを加えて中火でとろみがつくまで煮て、塩とこしょうで味をととのえる。

食べ方ポイント

● レバーは、鉄やビタミンAも豊富。月経のある女子は、鉄が欠乏しやすく「鉄欠乏性貧血」になりやすいので、レバーを食べやすくしたこんなおかずを積極的に食べたい！

● エネルギーをたくさんとりたいからといって、食べる量を増やすのはたいへん。このおかずのように、クリームや牛乳、チーズなどエネルギーが高く、しかもカルシウムなどの栄養価が高い食品をとり入れれば、無理なくエネルギー摂取ができます。

豆腐に卵、ちくわでたんぱく質がとれる！

チャンプルー

`1人分` エネルギー**261**kcal ／ 脂質**14.3**g ／ 炭水化物**9.4**g

たんぱく質 ▶ **22.6**g　　ビタミンB₆ ▶ **0.26**mg

材料／2人分

もめん豆腐	1丁（300g）
卵	2個
ちくわ	2本（60g）
小松菜	200g
ごま油・しょうゆ	各小さじ1
塩	小さじ¼
こしょう	少量
削りガツオ	適量

作り方

1 豆腐は重石をしてしっかりと水きりをし、食べやすく手でちぎる。

2 ちくわは手でちぎる。小松菜は3～4cm長さに切る。

3 フライパンにごま油を熱し、1を焼く。こんがりと焼き色がついたら2を加えていため合わせる。ときほぐした卵をまわし入れて大きくいため合わせ、塩、こしょう、しょうゆを加えて調味する。

4 器に盛り、削りガツオをのせる。

ごはんや野菜にかけてたんぱく質を手軽にプラス。お弁当にも！

カツオフレーク

`1人分` エネルギー**111**kcal ／ 脂質**1.4**g ／ 炭水化物**6.9**g

たんぱく質 ▶ **13.7**g　　ビタミンB₆ ▶ **0.41**mg

・冷蔵保存で1週間ほどもつ。

材料／2人分×2回分

カツオ（皮なし）	さく½本（200g）
にんじん	小½本（50g）
しょうが	2かけ（30g）
ごま油	小さじ1
Ⓐ みりん・酒	各大さじ2
しょうゆ	大さじ1
みそ	大さじ½

作り方

1 カツオは1cm厚さに切る。にんじんはあらいみじん切りにする。しょうがはみじん切りにする。

2 カツオをたっぷりの熱湯で1分ほどゆで、ざるにあげる。

3 なべにごま油を中火で熱し、しょうがとにんじんをいためる。油がなじんだら、2を加えてほぐしながらいため、Ⓐを加え混ぜ、弱めの中火で汁けがとぶまで煮る。

持久力をつけるための食事

POINT 1 エネルギー源の糖質をしっかりとる

　糖質はすばやくエネルギーに変換されるのが特徴で、最も効率のよいエネルギー源です。体の中ではおもに筋肉や肝臓に貯蔵されて、筋肉を動かすのにも使われます。

　糖質が多く蓄えられているほど持続的にエネルギーを生み出せ、持久力が高くなるのです。

できるだけたくさん蓄えて持久力アップ！

糖質
↓
グリコーゲンに変換
↓
筋肉に貯蔵
↓
筋肉を動かすエネルギー源に！

試合前後の糖質のとり方については、84〜89ページ。

POINT 2 糖質といっしょにビタミン B1 をとる

　糖質は酵素の働きで分解されてエネルギーに変えられます。その酵素を働かせる補酵素の働きをするのがビタミンB1です。糖質を効率よくエネルギーとして利用するために、ビタミンB1もいっしょにとりましょう。

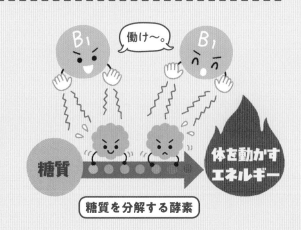

働け〜。

糖質　糖質を分解する酵素　体を動かすエネルギー

ビタミンB1が豊富な食べ物は？

豚ヒレ肉
豚ヒレ肉（100g）には1.32mg

ウナギ（かば焼き）

タラコ

種実類

えのきたけ

枝豆

ゆでた枝豆（100g）には0.24mg

糖質の豊富な食べ物といっしょに食べよう！

POINT 3 酸素を運ぶヘモグロビンの材料、鉄も重要！

長時間、体を動かすとき、筋肉はエネルギーだけでなく、酸素も必要とします。全身に酸素を運ぶのは、血液中のヘモグロビンという赤い色素の役割。そのため、持久力を高めるには、ヘモグロビンの材料となる鉄も必要不可欠です。

長時間、運動を続けるには充分酸素が必要

エネルギー　酸素

POINT 4 鉄の吸収をよくするビタミンCやたんぱく質もとる

鉄はビタミンCやたんぱく質といっしょにとると吸収率が上がり、効率よく摂取できます。特に吸収されにくい非ヘム鉄（23ページ）は、ビタミンCの豊富な野菜やくだもの、肉や卵などのたんぱく源などと組み合わせて食べましょう。

たんぱく質はヘモグロビンの材料としても使われるよ！

鉄の豊富な食べ物は？

レバー

赤身の牛肉

カツオ・マグロ

アサリ・シジミ・カキ

大豆製品（納豆・厚揚げ・豆腐）

小松菜・ほうれん草

ビタミンCの豊富な食べ物は？

赤ピーマン

ブロッコリー

芽キャベツ

ミニトマト

ゴーヤー

じゃが芋

キウイフルーツ

いちご

糖質、ビタミンB₁ しっかり おかず

エネルギー源の糖質と、血液を作る鉄を体に蓄えましょう。
糖質にはビタミンB₁、鉄にはビタミンCをプラスして、効率よくタフなパワーをゲット！

青梗菜入りの変わり肉だねは、ビタミンB₁がたっぷり！　ギョーザの皮で糖質もバッチリとれます。

青梗菜のギョーザスープ

1人分 エネルギー**122**kcal ／たんぱく質**7.2**g ／脂質**4.6**g

炭水化物 ▶ **12.6**g　　ビタミンB₁ ▶ **0.26**mg

材料／2人分

青梗菜	大1株 (120g)
塩	少量
えのきたけ	½袋 (40g)
豚ひき肉	50g
ギョーザの皮	8枚
Ⓐ 顆粒鶏がらだし	小さじ½
水	2カップ
Ⓑ 酒・しょうゆ	各小さじ1
塩	少量

作り方

1 青梗菜は縦半分に切る。半量をみじん切りにし、塩をふってしばらくおき、しんなりとなったら水けを絞る。

2 青梗菜の残りの半量は葉を1枚ずつばらばらにして2〜3cm長さに切る。えのきは2cm長さに切る。

3 ボールにひき肉と**1**を入れて混ぜ、8等分してギョーザの皮で包む。

4 なべに**Ⓐ**を煮立て、**3**を入れて静かに煮立てる。ギョーザが浮き上がってきたら**2**を加えて煮立て、**Ⓑ**で調味する。

食べ方ポイント

● スープの具のきのこをひらたけにすれば、ビタミンB₁がさらにアップ！ スープにすることで、水溶性のビタミンB₁がむだなくとれます。

● 主菜にしっかりたんぱく質系のおかずを用意して、ギョーザスープを作れば、エネルギーもたんぱく質もしっかり。

● ギョーザは多めに作って冷凍保存するか、冷凍ギョーザを使ってもOK。市販品の場合は青梗菜を多めにしてカルシウム、鉄をアップ。

じゃこからもビタミンB群を手軽にチャージ！

ちりめんじゃことにんじんのチヂミ

1人分 エネルギー**225**kcal ／ たんぱく質**8.4**g ／ 脂質**9.1**g

炭水化物 ▶ **25.5**g　ビタミンB₁ ▶ **0.10**mg

材料／2人分

ちりめんじゃこ	20g
にんじん	½本 (100g)
卵	½個分
水	⅓カップ
小麦粉	½カップ
ごま油	大さじ1
Ⓐ ┌ ラー油・酢・しょうゆ └	各小さじ½

作り方

1 にんじんは3～4cm長さの斜め細切りにする。耐熱皿に広げて水大さじ½(分量外)をふり、ラップをかけて電子レンジ(600W)で2分加熱する。水けをきり、さます。

2 ボールに卵を入れてほぐし、水を加えて混ぜ、小麦粉をふり入れて混ぜる。ちりめんじゃこと**1**を加え混ぜる。

3 フライパンにごま油を熱し、**2**を広げ入れて焼く。表面がかわいてきたら裏返し、フライ返しなどで平らに押しつけながら焼く。とり出して食べやすく切り、器に盛って混ぜ合わせたⒶを添える。

ミネラルや食物繊維の多いひじきを芋と組み合わせて。

芽ひじきとじゃが芋のヨーグルトサラダ

1人分 エネルギー**198**kcal ／ たんぱく質**7.0**g ／ 脂質**8.4**g

炭水化物 ▶ **26.4**g　ビタミンB₁ ▶ **0.28**mg

材料／2人分

芽ひじき	乾10g
じゃが芋	2個 (200g)
にんじん	30g
玉ねぎ	10g
きゅうり	½本 (50g)
ロースハム	2枚 (40g)
Ⓐ ┌ プレーンヨーグルト	大さじ3
｜ マヨネーズ	大さじ1
｜ 塩	小さじ¼
｜ 砂糖	小さじ½
└ こしょう	少量
サニーレタス	2枚

作り方

1 ひじきは洗って水につけてもどし、さっとゆでてざるに広げてさます。

2 じゃが芋は一口大に切り、にんじんは小さめの角切りにする。

3 **1**、**2**を合わせてかぶるくらいの水でゆで、最後に湯を捨てて水けをとばし、じゃが芋をざっとつぶし、さます。

4 玉ねぎは薄切りにして塩少量(分量外)で軽くもみ、水けを絞る。きゅうりとハムは小さめの角切りにする。

5 ボールにⒶを混ぜ合わせて**3**、**4**をあえ、食べやすくちぎったサニーレタスを敷いた器に盛る。

鉄、ビタミンC しっかり おかず

ビタミンCとたんぱく質をいっしょにとって、鉄の吸収率をアップ！

牛肉とゴーヤーのくずし豆腐あえ

1人分 エネルギー**280**kcal ／ たんぱく質**20.7**g ／ 脂質**19.4**g ／ 炭水化物**4.2**g

鉄 ▶ **2.2** mg ／ ビタミンC ▶ **20** mg

材料／2人分

牛薄切り肉	150g
┌ ゴーヤー	⅓本 (50g)
└ しょうゆ	小さじ½
もめん豆腐	½丁 (150g)
Ⓐ ┌ すり白ごま・マヨネーズ	各大さじ1
└ 塩・砂糖	各小さじ½

作り方

1 ゴーヤーは縦半分に切って種とわたを除き、薄切りにする。牛肉は食べやすい大きさに切る。

2 ゴーヤーを1分ゆで、ざるにとる。火を消し、牛肉を入れて30秒～1分、余熱で火を通す。ゴーヤーにしょうゆをふる。

3 豆腐は3等分に切り、1つずつキッチンペーパーで包んで水けを絞る。ボールにⒶと豆腐を入れて豆腐をくずしながら混ぜ、2を加えてあえ、器に盛る。

食べ方ポイント

● 野菜の中でもビタミンCの多いゴーヤー。苦味が苦手な人も、豆腐やマヨネーズでまろやかにした「豆腐あえ」にすれば、食べられる！

● 牛肉をマグロやカツオの刺し身にかえても、おいしく、鉄もとれる。

アサリの水煮缶の鉄量は、生のアサリの約10倍。

アサリ缶としめじの卵とじ

材料／2人分

アサリ水煮缶 (汁けをきる)
　………… 1缶 (むき身60g)
卵 ………………………… 2個
しめじ類
　……… 大½パック (80g)
わけぎ ………… 2本 (80g)
しょうが (せん切り)
　………………………… ½かけ

Ⓐ［酒 …………… 大さじ1
　めんつゆ (3倍濃縮タイプ)
　………………………… 小さじ2
　水 ………………… ½カップ

粉ざんしょう (好みで) … 少量

作り方

1 しめじは石づきを除いて
ほぐす。わけぎは斜め薄
切りにする。

2 小ぶりのフライパンにわ
けぎの白い部分としめじ、
Ⓐを入れて中火にかけ、
煮立ったらふたをして弱
火で2分煮る。

3 中火にしてわけぎの青い
部分、しょうが、アサリ
を加えて上下を返して混ぜ、
ふたをして1分ほど煮る。

4 卵を軽くといて2回に分
けてまわし入れ、半熟に
火を通す。器に盛り、粉
ざんしょうをふる。

[1人分]

エネルギー161kcal ／ たんぱく質15.6g ／
脂質7.1g ／ 炭水化物8.0g

鉄 ▶ 10.4mg　　ビタミンC ▶ 15mg

- -

吸収されにくい植物性の鉄は、動物性たんぱく質と組み合わせて。

ほうれん草と豚しゃぶのごまポン酢あえ

[1人分]

エネルギー122kcal ／ たんぱく質7.9g ／
脂質8.4g ／ 炭水化物4.5g

鉄 ▶ 1.3mg　　ビタミンC ▶ 14mg

材料／2人分

ほうれん草 …………… 160g
豚ロースしゃぶしゃぶ用肉
　………………… 5枚 (50g)
Ⓐ［酒 ………………… 大さじ½
　塩 ………………… 小さじ½
　水 ……………… 1½カップ
Ⓑ［すり黒ごま …… 大さじ2
　ポン酢しょうゆ (市販品)
　………………… 大さじ1⅓

作り方

1 ほうれん草は根元に十文
字に切り目を入れて洗い、
4～5cm長さに切る。な
べに水1ℓ弱と塩小さじ1
½(分量外)を入れて煮立
て、軸、葉の順に入れて
さっとゆで、冷水にとる。
ざるにあげ、水けを絞る。

2 Ⓐを小なべに入れて煮立
て、弱火で豚肉をゆでる。
肉の色が変わって火が通っ
たらざるにあげてさまし、
食べやすくちぎる。

3 ボールに1と2を入れ、
Ⓑを加えてあえる。

ケガを予防するための食事

POINT 1

骨の材料となる
カルシウムを補給

運動中の骨折を防ぐためには、じょうぶな骨を作る必要があります。そこで必要となる栄養素の一つは、カルシウムです。汗をかくと、いっしょにカルシウムも失われるので、スポーツ選手は特にカルシウムの不足に注意しましょう。

カルシウムは筋肉の動きを正常にする働きもあるので、ケガ防止には欠かせない栄養素だよ

汗1ℓ
▼
約50mgのカルシウムが失われる

たとえば、サッカーを約1.5時間プレーすると、約2ℓの汗をかく

汗をかいた分、カルシウムを多く摂取する必要がある!

カルシウムの豊富なおすすめ食品は？

牛乳・乳製品
牛乳やスキムミルク、チーズ、ヨーグルトなどにはカルシウムが豊富。しかも吸収率がよいのが特徴。

プロセスチーズ
1切れ（20g）に126mg

魚介類
干しエビやシシャモ、イワシの丸干しなどの小魚に多く含まれる。

干しエビ
10gに710mg

大豆製品
厚揚げやもめん豆腐、納豆などに豊富に含まれる。

もめん豆腐
½丁（150g）に140mg

野菜・海藻類
野菜では水菜、小松菜、青梗菜などの葉物野菜、海藻類では乾燥ひじきや干しわかめなどがおすすめ。

小松菜
½束（100g）に170mg

ビタミンDには、筋肉の合成を促進する働きもある。スポーツ選手に欠かせない栄養素だよ。

POINT 2 ビタミンD をいっしょにとる

ビタミンDも骨をじょうぶにするために不可欠な栄養素です。カルシウムの吸収を促進したり、骨をこわす細胞の働きをおさえたりする作用があります。

ビタミンDが豊富なおすすめ食品は？

魚類
サケやサンマ、ブリのほか、カルシウムもいっしょにとれるイワシの丸干しやシラス干しもおすすめ。

サケ
1切れ（80g）に26µg

きのこ類
きのこならダントツまいたけに多く含まれます。

まいたけ
1パック（100g）に4.9µg

POINT 3 ビタミンK をいっしょにとる

ビタミンKには、カルシウムを骨にとり込む作用があり、強い骨を作るのを助けます。

ビタミンKが豊富で手軽に補給できるいちばんのおすすめ食材は納豆です（20～21ページ）。そのほかに、小松菜、ほうれん草、青梗菜といった青菜にも多く含まれます。青菜にはカルシウムも多く含まれるので、一石二鳥！

納豆が苦手な人も、みそ汁に入れたり、いため物にしたり、くふうして食べるようにしよう！

POINT 4 筋肉にも骨にもたんぱく質は欠かせない！

たんぱく質はしなやかな筋肉を作るための材料になる栄養素です。また、骨の土台となるコラーゲンもたんぱく質からできています。ケガを予防するためにも不可欠な栄養素です。

糖質もしっかり補給しよう！

このほか、糖質もケガ予防に欠かせない栄養素です。糖質が不足すると体も脳もエネルギー不足になり、体の動きが悪くなったり、集中力が低下したりするからです。

カルシウム、ビタミンD、ビタミンK しっかり おかず

じょうぶな骨、しなやかな筋肉や腱を作るには食事が大事。カルシウムの吸収を助けるビタミンD、ビタミンKをいっしょにとり、骨にも筋肉にも欠かせないたんぱく質も忘れずに！

骨ごと食べられるサバ缶はカルシウム補給にも◎。ビタミンDもしっかりとれる。

サバ缶のアクアパッツァ

1人分 エネルギー**284**kcal ／ たんぱく質**22.6**g ／ 脂質**16.9**g ／ 炭水化物**9.0**g

カルシウム	ビタミンD	ビタミンK
283 mg	**11.0** μg	**28** μg

材料／2人分

サバ水煮缶	1缶（200g）
トマト	200g
ズッキーニ	小1本（120g）
にんにく	1かけ
オリーブ油	大さじ1
赤とうがらし（小口切り）	1本
塩	小さじ¼
砂糖	小さじ1

作り方

1 サバは身がくずれないようにていねいに缶からとり出し、大きくほぐす。缶汁はとりおく。トマトとズッキーニは2cm角くらいに切り、にんにくはあらみじんに切る。

2 フライパンにオリーブ油大さじ½とにんにくを入れて中火にかけ、香りが立ったらトマトとズッキーニ、とうがらしを加えて2分いためる。サバと缶汁、塩、砂糖、オリーブ油大さじ½を加えて4～5分煮る。

食べ方ポイント

● サバ缶の缶汁にも、血流をよくするDHAやEPAが含まれるので、煮汁もパンにつけたり、ごはんにかけたりして、残さず食べるのが◎。

● スポーツはエネルギーの消費が大きいので、ごはんやパンなどの糖質をおかずといっしょにしっかりとって、パワーを持続させることが、たいせつ。集中力が途切れず、ケガの予防につながります。

じょうぶな骨作りに役立つ栄養がとれる一品。

豆腐とエビときくらげのいため物

1人分 エネルギー**216**kcal ／ たんぱく質**19.2**g ／ 脂質**10.6**g ／ 炭水化物**8.9**g

カルシウム ▶ **170**mg ／ ビタミンD ▶ **0.9**μg ／ ビタミンK ▶ **40**μg

食べ方ポイント

● 豆腐ならカルシウムと、その吸収を促進するたんぱく質がいっしょにとれるのが魅力。

● エビを牛肉や豚肉にかえても、おいしい。

材料／2人分

もめん豆腐	1丁 (300g)
無頭エビ (殻つき)	6尾 (130g)
Ⓐ 塩・こしょう	各少量
Ⓐ かたくり粉	小さじ1
きくらげ (もどす)	乾4枚
グリーンアスパラガス	3本
ねぎ	5cm
しょうが (薄切り)	½かけ
油	小さじ2
塩	小さじ⅓
こしょう	少量
Ⓑ 水	½カップ
Ⓑ 顆粒鶏がらだし	小さじ¼
Ⓑ 酒	大さじ1
Ⓒ かたくり粉	大さじ½
Ⓒ 水	大さじ1

作り方

1 豆腐は20分水きりする。長さを半分に切り、それぞれを3等分に切る。

2 エビは殻をむいて背開きにし、背わたを除いてⒶをまぶす。

3 きくらげは石づきを除いて食べやすく切る。アスパラガスは根元を切り除き、斜めに切る。ねぎは斜めに切る。

4 フライパンに油を熱し、2、ねぎ、しょうが、アスパラガスを順に加えていためる。エビの色が変わったら1を加えていため、きくらげを加える。塩とこしょうをふり、混ぜ合わせたⒷを加えて煮立て、混ぜ合わせたⒸを加えていため合わせる。

カルシウム、ビタミンD、ビタミンK しっかり おかず

牛乳とチーズのダブル使いで、カルシウムたっぷり。
サケは、たんぱく質とビタミンDがいっしょにとれる優秀食材です。

サケとほうれん草のグラタン

1人分 エネルギー**294**kcal ／ たんぱく質**30.1**g ／ 脂質**12.8**g ／ 炭水化物**10.8**g

カルシウム ▶ **235**mg	ビタミンD ▶ **32.2**μg	ビタミンK ▶ **170**μg

食べ方ポイント

- 牛乳にとろけるチーズでとろみをつけるホワイトソースだから失敗なし。骨ごと食べられるサケ水煮缶を使えば、さらに手軽にカルシウムを強化できます。

- まいたけやエリンギなどビタミンDが豊富なきのこを入れるのもGood！

- こっくりした味わいだから、パンや玄米ごはんなどに合わせると、主食もしっかり食べられます。

材料／2人分

生ザケ	2切れ (200g)
塩	ミニスプーン2
こしょう	少量
玉ねぎ	80g
ほうれん草	½束 (150g)
バター	大さじ1 (12g)
Ⓐ 酒・水	各大さじ2
Ⓑ 牛乳	¼カップ
Ⓑ トマトケチャップ	大さじ1
とろけるチーズ	30g

作り方

1 サケは皮を除き、4等分ずつに切って塩、こしょうをふる。

2 玉ねぎは薄切りにする。ほうれん草はゆでて水にとり、水けを絞って4～5cm長さに切る。

3 フライパンにバターをとかし、玉ねぎを1～2分いためる。サケとⒶを加え、ふたをして弱火で2～3分蒸し煮にし、サケをとり出す。

4 3のフライパンにほうれん草とⒷを加えて混ぜ、チーズの⅔量を加えてとろみをつける。耐熱皿に入れ、3のサケをのせて残りのチーズを散らし、オーブントースターでチーズに焼き色がつくまで6～7分焼く。

ビタミンKも多く含む小松菜に、シラスを加えてカルシウムとビタミンDを増量。
イタリアンな味わいが新鮮！

小松菜とシラスのペペロンチーノ

1人分　エネルギー **74** kcal ／ たんぱく質 **6.0**g ／ 脂質 **4.5**g ／ 炭水化物 **2.6**g

カルシウム ▶ **170** mg　　ビタミンD ▶ **9.2** μg　　ビタミンK ▶ **159** μg

材料／2人分

小松菜 ················· 150g
シラス干し ············· 40g
にんにく（みじん切り）
 ·························· 小1かけ
赤とうがらし（斜め半分に切る）
 ····························· 1本
オリーブ油 ········ 小さじ2
塩 ·········· ミニスプーン½

作り方

1 小松菜は4cm長さに切る。

2 フライパンにオリーブ油とにんにく、とうがらしを入れて中火で熱し、にんにくが軽く色づいてきたら1を加えてさっといためる。

3 シラスを加えて混ぜ、全体になじんだら塩を加えて混ぜる。

モロヘイヤは、カルシウムとビタミンK、鉄の宝庫。
ビタミンDを含むエリンギを合わせて、栄養たっぷり。

モロヘイヤのしょうがあえ

1人分　エネルギー **39** kcal ／ たんぱく質 **3.7**g ／ 脂質 **0.5**g ／ 炭水化物 **6.9**g

カルシウム ▶ **155** mg　　ビタミンD ▶ **0.3** μg　　ビタミンK ▶ **405** μg

材料／2人分

モロヘイヤの葉 ················ 120g
エリンギ ················ 2本(40g)
A［しょうゆ ··············· 小さじ2
 ［みりん ················ 小さじ1
おろししょうが ············· 小さじ½

作り方

1 モロヘイヤはさっとゆで、あらく刻む。エリンギは縦4つ割りにして塩少量(分量外)をふり、グリルで焼いて3cm長さに切る。

2 1を合わせ、Aであえ、おろししょうがをのせる。

体重を増やすための食事

POINT 1

摂取エネルギーを増やす

ウエイトコントロールは基本的に、摂取エネルギー（食事からとるエネルギー）と消費エネルギー（体内で使われるエネルギー）のバランスで考えます。この２つがつり合っていれば、体重は変わりません。体重を増やしたければ、消費エネルギーよりも、摂取エネルギーを多くする必要があるのです。

体重を維持するとき
バランスがとれている状態

体重を増やしたいとき
摂取エネルギーを増やす

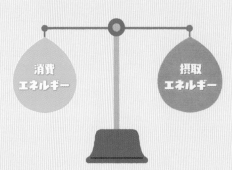

POINT 2

摂取エネルギーの増やし方

① たんぱく質を増やす

スポーツ選手が体重を増やす場合、脂肪以外の除脂肪体重（特に筋肉）を増やさなければいけません。そのためには、筋肉の材料となるたんぱく質を多くとる必要があります。

② ビタミン B6 もいっしょにとる

ビタミン B6 には、たんぱく質が筋肉を作る材料として活用されるのを助ける働きがあります。筋肉量を増やすためには、たんぱく質とビタミン B6 をいっしょにとりましょう。

ビタミン B6 の豊富な食品

レバー　　バナナ　　カツオ　　アボカド

摂取エネルギー量の目安を知ろう！

「推定エネルギー必要量」の求め方

一日のエネルギー必要量（推定エネルギー必要量）は、体格や運動量によって違います。自分に必要なエネルギー量はどのくらいか、計算してみましょう。

① 体脂肪量を求める ▶ 体重(kg) × 体脂肪率(%) ÷ 100 = ☐ (kg)

② 除脂肪体重を求める ▶ 体重(kg) − ①で求めた体脂肪量(kg) = ☐ (kg)

③ 基礎代謝量を求める

28.5（基礎代謝基準値）× ②で求めた除脂肪体重(kg) = ☐ (kcal)

※スポーツ選手の基礎代謝基準値は男女とも28.5とします。

④ エネルギー必要量を求める

③で求めた基礎代謝量(kcal) × 身体活動レベル = 推定エネルギー必要量 ☐ (kcal)

身体活動レベルの数値は自分のスポーツ種目に合わせて以下から選ぶ。

種目カテゴリー		持久系	瞬発系	球技系	その他
期分け	オフトレーニング期	1.75	1.75	1.75	1.50
	通常練習期	2.50	2.00	2.00	1.75

小清水孝子他、スポーツ選手の推定エネルギー必要量、トレーニング科学 17:245-250,2005

③ 糖質を増やす

糖質が不足すると、たんぱく質がエネルギー源として使われてしまうため、筋肉量が増えません。糖質もしっかりとりましょう。

主食以外でも
糖質がとれる食材を活用しよう！

もち

ギョーザやワンタンの皮

芋類

はるさめ

④ 補食をとる

3回の食事だけで充分な栄養素がとりきれない分は、補食で補いましょう。特に、運動後は、筋肉の修復が促進されるので、30分以内に糖質とたんぱく質をとって筋肉量アップを助けましょう。

必要な栄養素

朝食	昼食	夕食	補食

たんぱく質、糖質 しっかり おかず

たんぱく質と糖質をしっかりとれる料理で、摂取エネルギーを増やしましょう。主食以外でも糖質を補給して、たんぱく質がエネルギーとして使われるのを防ぐのもポイントです。

牛肉はしもふりより赤身がオススメ。
肉汁入りのドレッシングで、肉のうま味がいきわたります。

ステーキサラダ

1人分 エネルギー**221**kcal ／ 脂質**14.4**g

たんぱく質 ▶ **14.2**g 炭水化物 ▶ **6.8**g

食べ方ポイント

● ブロッコリーも100gあたり4.3gとたんぱく質が豊富な野菜。トッピングには、細胞分裂を助ける働きがある葉酸を含む焼きのりを活用。

● ステーキの代わりに、鶏のから揚げに、ブロッコリーやミニトマトなどの野菜をたっぷり用意し、市販のしょうゆドレッシングなどをかけて、「から揚げサラダ」風にするのも手軽な方法。

材料／2人分

牛赤身ステーキ用かたまり肉	120g
塩	小さじ⅙
あらびき黒こしょう	少量
オリーブ油	大さじ½
ミニトマト・ベビーリーフ	各50g
ブロッコリー	½個（100g）
油	小さじ1
塩	少量
酢	大さじ2
酒	大さじ1
Ⓐ しょうゆ	小さじ1
塩	小さじ⅙
あらびき黒こしょう	少量
焼きのり	全型½枚

作り方

1 牛肉は室温に10分ほどおく。

2 ミニトマトはヘタを除いて縦半分に切る。ベビーリーフは冷水に放し、水けをきる。

3 ブロッコリーは一口大に切り、油でいため、塩をふって水大さじ2（分量外）を加えてふたをし、1分30秒ほど蒸し焼きにし、ざるにあげて汁けをきる。

4 フライパンにオリーブ油を熱して1に塩、あらびき黒こしょうをふって入れ、片面を2分焼いたら裏返して2分焼き、アルミホイルにとって包み、5分おく。

5 4を3mm厚さのそぎ切りにし、2、3とともに器に盛る。

6 4のホイルに残った肉汁をフライパンに戻し、Ⓐを加えて煮立てて5にかけ、焼きのりをちぎって散らす。

糖質が多いかぼちゃに牛肉を巻いて、食べごたえも満点。
パンチの効いたソースで、ごはんとの相性も抜群。

かぼちゃの牛肉巻きねぎソース

1人分　エネルギー**319**kcal ／ 脂質**16.4**g

たんぱく質 ▶ **17.5**g

炭水化物 ▶ **23.6**g

材料／2人分

牛薄切り肉	6枚 (150g)
かぼちゃ	⅙個 (160g)
塩・こしょう	各少量
小麦粉・サラダ油	各大さじ1
ⓐ ねぎのみじん切り	大さじ4 (40g)
ポン酢しょうゆ（市販品）	大さじ2
豆板醤	少量

作り方

1 かぼちゃはところどころ皮をむき、6等
分のくし形に切る。

2 耐熱皿に**1**を並べてラップをかけ、電
子レンジ（600W）で約2分30秒加熱
する。ラップをはずしてさましたら、か
ぼちゃに牛肉を巻きつけ、塩、こしょう
をふり、小麦粉をまぶす。

3 フライパンにサラダ油を中火で熱し、
2を巻き終わりを下にして2分焼く。裏
返してふたをし、弱火で3〜4分焼く。
器に盛り、混ぜ合わせた**ⓐ**を添える。

食べ方ポイント

● かぼちゃのほか、さつま芋やじゃが芋など糖質の多い野菜や芋は、
ビタミンや食物繊維も豊富。積極的に活用したい。

● 牛肉を巻く代わりに、豚肉を使うなど、いろいろおいしい組み合
わせを見つけて！

たんぱく質、糖質 しっかり おかず

手軽で栄養価の高いサバ缶に、ミニトマトや水菜も加えて、栄養バランス抜群の一皿。
たんぱく質が筋肉になるのを助けるビタミンB_6もしっかりとれます。

サバ缶と水菜のトマトスパゲティ

1人分 エネルギー**562**kcal ／ 脂質**17.8**g

たんぱく質 ▶ **32.0**g	炭水化物 ▶ **64.9**g

材料／2人分

サバ水煮缶	1缶 (190g)
ミニトマト	10個
水菜	1束 (250g)
にんにく	½かけ
スパゲティ	乾150g
オリーブ油	大さじ1～2
しょうゆ	小さじ1
塩・あらびき黒こしょう	各少量

作り方

1 ミニトマトはへたを除き、半分に切る。水菜は食べやすい長さに切る。にんにくはつぶす。

2 スパゲティはたっぷりの湯に塩大さじ1弱(分量外)を加えて袋の表示どおりにゆでる。残り1分になったら、水菜を加えてゆで、いっしょにざるにあげる。

3 フライパンにオリーブ油とにんにくを入れて火にかけ、にんにくが色づいたら、サバを缶汁ごと加える。ミニトマトを加えてさっといため、2を加えて全体を混ぜる。しょうゆ、塩で味をととのえ、あらびき黒こしょうをふる。

食べ方ポイント

● 効率よくエネルギーになるパスタは、運動前にもおすすめ。食物繊維が多く、ごはんやパンに比べて血糖値の上昇がゆるやかなのが特徴。よくかんで食べることで、効果もアップ！

● サバ缶とスパゲティを常備しておき、合わせる野菜は、水菜のほかにもブロッコリー、クレソン、スプラウト、豆苗など、好みでいろいろな組み合わせを試してみて！

凍り豆腐は高たんぱく質で低脂質。買いおきできるのもうれしい！

凍り豆腐の卵とじ

1人分 エネルギー**211**kcal ／ 脂質**11.4**g

たんぱく質 ▶ **16.7**g 　炭水化物 ▶ **9.5**g

材料／2人分

凍り豆腐	2枚 (乾30g)
卵	2個
玉ねぎ	½個 (100g)
めんつゆ (ストレートタイプ)	70ml
水	大さじ2
さやえんどう (筋を除く)	10枚

作り方

1 凍り豆腐は水でもどして水けを絞り、8等分に切る。玉ねぎは1cm幅に切る。

2 なべにめんつゆと水、1を入れ、落としぶたをして中火で3分ほど煮る。ときほぐした卵をまわし入れ、さやえんどうを加え、卵が半熟になるまで約1分煮る。

- -

手軽なたんぱく質補給源ツナ水煮缶＆ミックスビーンズを使った簡単サラダ！

ミックスビーンズとツナのサラダ

1人分 エネルギー**106**kcal ／ 脂質**1.1**g

たんぱく質 ▶ **10.7**g 　炭水化物 ▶ **11.8**g

材料／2人分

ミックスビーンズ (水煮)	⅔カップ (100g)
ツナ水煮缶	小1缶 (70g)
紫玉ねぎ	¼個 (40g)
パセリのみじん切り	1枝分 (15g)
レモンの搾り汁	小さじ2
塩	小さじ¼
こしょう	少量

作り方

1 紫玉ねぎは1cm角に切る。2分ほど水にさらし、水けをきる。ほかの全材料と混ぜ合わせる。

体重を減らすための食事

POINT 1

減量は「ゆっくり行なう」が鉄則！

急激に体重を落とすと、筋肉量が減ったり、脱水やエネルギー不足を起こしたりして、スポーツのパフォーマンスが低下します。減量は徐々に行ないましょう。

ゆっくり減量と急速減量の身体組成変化率の違い

減量のペースの目安は1週間で体重の0.5〜1％減

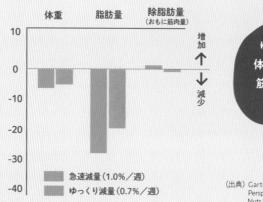

体重　脂肪量　除脂肪量（おもに筋肉量）

増加 ↑ ↓ 減少

■ 急速減量（1.0％／週）
■ ゆっくり減量（0.7％／週）

> ゆっくり減量したほうが、体脂肪がより多く減らせて、筋肉量を維持できるという研究結果があるよ。

(出典) Garthe I, Maughan RJ. Athletes and Supplements: Prevalence and Perspectives. Int J Sport Nutr Exerc Metab. 28(2):126-138, 2018.

POINT 2

たんぱく質を減らさず、摂取エネルギーを減らす

減量するには、消費エネルギー量よりも摂取エネルギー量を少なくする必要があります。ただし、そのとき、筋肉のもとになるたんぱく質の量は減らさないこと。なるべく脂質の少ないたんぱく源を選んで、摂取エネルギーをおさえましょう。

たんぱく源の選び方

✕ 控える

ひき肉

バラ肉

脂質が多く、エネルギー量（kcal）が多いのでなるべく使わない

● おすすめ

赤身の魚

脂身の少ないもも肉やヒレ肉

大豆製品

脂質が少なく、エネルギー量（kcal）が少なめなのでおすすめ

エネルギー量の少ない食材を活用する

野菜やきのこ類、海藻類などは、エネルギー量は少なく、ビタミンやミネラルなどが豊富なので、減量中もしっかり食べましょう。これらの食材をじょうずに活用すれば、摂取エネルギーを増やさず、食事の満足感を高めることができます。

ブロッコリー

しいたけ

ほうれん草

わかめ

えのきたけ

調理法をくふうする

同じ食材でも、調理法によってエネルギー量は変わります。「蒸す」「ゆでる」といったエネルギー量を低くおさえられる調理法がおすすめ。反対に油を多く使う揚げ物はなるべく控えましょう。

濃い味つけは食が進みやすいので、うす味を心がけることもたいせつだよ。

低エネルギー ◀ ◀ ◀ ◀ ◀ ◀ ◀ ◀ **高エネルギー**

蒸す
ゆでる
素焼き

生で食べる

煮る
砂糖やしょうゆ
などを使う

いためる
焼く
油を使う

かき揚げ
素揚げ
たくさんの
油を使う

天ぷら
フライ
たくさんの
油を使う

摂取エネルギーの減らしすぎは厳禁！

食事から摂取した栄養素は、運動するためのエネルギー源として使われるだけではありません。体温の維持や呼吸、脳や内臓の働きなどに使われたり、体の組織を作る材料になったりと、人間の生命活動にも使われます。摂取エネルギーを減らしすぎると、こういった人が生きていくための機能がうまく働かなくなってしまいます。

特に成長期は多くのエネルギーが必要です。摂取エネルギーが不充分だと、身長が伸びなかったり、骨がもろくなったりして、成長を妨げます。また、女性の場合は、女性ホルモンが充分に分泌されず、月経が起こらなくなるリスクがあります。放っておけば、将来、妊娠・出産に支障が出ることも。過剰な食事制限は絶対にやめましょう。

食事のエネルギー量を減らしすぎると

内臓の機能が低下　無月経

貧血　成長障害

集中力低下　落ち込み・イライラ

心や体にさまざまな不調が起こる

たんぱく質しっかり 低エネルギーおかず

脂質の少ないたんぱく質食材をじょうずに選ぶことが大事。味つけもうす味にして主食の食べすぎを防ぎたい。ハーブなどの香辛料や、味に特徴のある調味料をうまくとり入れていくのも一つの方法。

鶏肉の皮をはがして、エネルギーを大幅にカット。野菜は好みのものでアレンジOK！

鶏肉のオーブントースター焼き

1人分 脂質 **6.1**g ／ 炭水化物 **9.6**g

| たんぱく質 ▶ **25.3**g | エネルギー ▶ **186**kcal |

・写真は2人分

食べ方ポイント

- 塩、こしょうだけでうす味に仕上げて、ごはんの食べすぎを予防。一口30回を目標によくかんでゆっくり食べると、脳の満腹中枢が刺激されて大食いも防げる。

- しめじのほか、まいたけなどきのこ類の量を多くして、ボリューム感を出すと、さらに満足感のあるおかずに。

材料／2人分

鶏もも肉（皮つき）	1枚（250g）
塩・こしょう	各少量
ブロッコリー	120g
しめじ類	80g
ミニトマト	10個
にんにく	1かけ
ローズマリー	1本
塩・こしょう	各少量

作り方

1 鶏肉は皮を除き、小さめの一口大に切り、塩、こしょう各少量をふる。

2 ブロッコリーは小房に分け、しめじはほぐす。ミニトマトはへたを除き、にんにくは薄切りにする。ローズマリーは葉を摘む。

3 耐熱皿に**1**と**2**を入れて塩、こしょう各少量をふり、オーブントースターで10分ほど焼く。

肉の中では脂質が少なく、エネルギー量の低いささ身をシンプルな調味で。ささっと作る一品。

小松菜と鶏ささ身の塩いため

1人分 脂質 **9.6**g ／ 炭水化物 **6.6**g

たんぱく質 ▶ **12.7**g　　エネルギー ▶ **175**kcal

材料／2人分

小松菜	140g
にんじん	40g
鶏ささ身	2本 (100g)
⌈ 塩・こしょう	各少量
A⌊ 酒・かたくり粉	各小さじ1½
油	大さじ1½
⌈ 酒	大さじ1
塩・砂糖	各小さじ⅓
B こしょう	少量
⌊ 水	大さじ2

作り方

1 小松菜は株元に切り目を入れて洗い、4〜5cm長さに切って軸と葉に分ける。にんじんは4〜5cm長さの短冊切りにする。

2 ささ身は筋を除いて厚みを半分に切って開き、薄くそぎ切りにする。**A**で下味をつける。

3 フライパンに油を熱し、**2**、にんじん、小松菜の軸の順に加えていためる。**B**を加え、ふたをして1〜2分火を通し、ふたをとって小松菜の葉を加えてさっといため合わせる。

食べ方ポイント

● 高たんぱく質、低脂肪の鶏ささ身は、ダイエットの味方。下味にかたくり粉をもみ込むことでパサつかず、しっとり仕上がる。

● 油は1gで9kcalと高エネルギーなので、必ず計量して使うこと。

● 小松菜を青梗菜やほうれん草にかえたり、にんじんがなければパプリカにかえたりしてもよい。

たんぱく質 しっかり 低エネルギーおかず

キムチの辛味で代謝もアップ。
にんじんも加えてボリュームアップしても。

イカとキャベツのキムチいため

1人分 脂質 **5.1**g ／ 炭水化物 **8.5**g

たんぱく質 ▶ **20.3**g	エネルギー ▶ **162**kcal

材料／2人分

イカの胴（皮をむく）・えんぺら・足	1ぱい分 (200g)
キャベツ	200g
サラダ油	小さじ2
塩	少量
キムチ	80g

作り方

1 イカの胴は開いて表面に斜めに飾り包丁を入れ、えんぺらとともに4～5cm角に切る。足は食べやすく切り分ける。

2 キャベツは4～5cm角に切る。

3 フライパンにサラダ油を中火で熱し、**2**を入れて塩をふり、そのまま1分30秒ほど焼く。キムチと**1**を加えて上下を返しながら2～3分いためる。

食べ方ポイント

○ イカ、エビ、タコは、低エネルギー、高たんぱく質なので体重を落としたいときには積極的にとり入れて。

○ 冷凍シーフードミックスなら、下処理の手間が省けて便利。

カツオは生、野菜はゆでるだけだから低エネルギー。

カツオと春野菜のコチュジャンあえ

1人分 脂質 **1.7**g ／ 炭水化物 **6.5**g

たんぱく質 ▶ **28.3**g	エネルギー ▶ **153**kcal

材料／2人分

カツオ	さく½本 (200g)
┌ コチュジャン・しょうゆ・酢	
Ⓐ	各小さじ1
└ ごま油・砂糖	各小さじ½
ゆで竹の子	50g
せり	40g
しめじ類	50g

作り方

1 カツオは7〜8mm角の棒状に切る。ボールにⒶを混ぜ合わせ、カツオを加えてあえる。

2 竹の子は縦に薄切りにする。せりは4cm長さに切る。しめじは石づきを除いてほぐす。

3 なべに湯を沸かして塩少量(分量外)を入れ、しめじを30秒ゆでたら、竹の子とせりを加える。ひと混ぜしてざるにあげ、冷水にとる。

4 3の水けを絞って1に加え、軽くあえて器に盛る。

- -

たんぱく質をしっかりとりたいときは、肉を多くしても。

豚しゃぶとにらのしょうがだれ

1人分 脂質 **5.9**g ／ 炭水化物 **6.2**g

たんぱく質 ▶ **22.1**g	エネルギー ▶ **172**kcal

材料／2人分

豚ももしゃぶしゃぶ用肉	200g
にら	1束 (100g)
┌ しょうが (おろす)	1かけ
Ⓐ 酢・しょうゆ	各大さじ1
└ 砂糖	小さじ2

作り方

1 なべにたっぷりの湯を沸かして塩少量(分量外)を加え、にらをさっとゆでて水にとり、水けを絞って5cm長さに切る。

2 続けて豚肉を1枚ずつ広げて入れ、肉の色が完全に変わったらざるにあげて湯をきり、そのままさます。

3 ボールにⒶを合わせて混ぜる(しょうがだれ)。

4 器に1、2を合わせて盛り、しょうがだれを全体にまわしかける。

疲労を回復するための食事

POINT 1 運動後 30 分以内に栄養補給を

激しいトレーニングや試合後などの疲労をなるべく早く回復させるためには、栄養補給のタイミングが重要です。運動後30分以内に、糖質とたんぱく質を摂取しましょう。いっしょに、くだものや果汁100％のジュース、牛乳などでビタミンやミネラルもとれれば理想的です。

> 運動後は
> 水分補給も忘れずに！
> （くわしくは28～29ページ）

運動

> 運動後
> 30分以内に、糖質と
> たんぱく質を補給

疲労回復

→ 筋肉が破壊される
（筋肉に蓄えられたグリコーゲンがなくなる）

→ エネルギー源がなくなる

→ 筋肉の修復を促進

→ エネルギー不足が解消

POINT 2 胃腸が疲れているときは 消化吸収のよいものを食べる

運動後は、筋肉だけでなく、内臓（胃腸）も疲労します。運動中は筋肉に血液が集中して、内臓への血流が減るためです。「食欲がない」「胃が重い」と感じるようなときは、なるべく胃腸に負担をかけないように消化吸収のよいものを選んで食べましょう。

> 疲れているからといって
> なにも食べないと、
> 疲労は回復しないよ。
> 自分の食べやすいもので
> 栄養補給を！

> 運動後に
> ぴったり！

消化のよい食品

おにぎり
（サケやタラコなど）

バナナ

ゼリー飲料

ヨーグルト

うどん

豆腐

消化がよく、栄養もとれるおかず

できるだけ消化吸収しやすいように、やわらかく煮たり、油を控えめにしたりするのがポイント。
運動後すぐに食べられるように、前もって作っておけるおかずもじょうずに活用しましょう。

消化のよい鶏ひき肉をお団子に。脂肪控えめでおなかにやさしい。

根菜と鶏団子の和風スープ煮

1人分

エネルギー**291**kcal ／ 炭水化物**26.7**g

たんぱく質 ▶ **20.1**g

脂質 ▶ **9.9**g

材料／2人分

大根	250g
にんじん	½本 (75g)
ブロッコリー	60g
ミニトマト (へたを除く)	6個
Ⓐ 鶏胸ひき肉	150g
ねぎのみじん切り	5 cm分
しょうがの搾り汁	1かけ分
酒・かたくり粉	各大さじ½
みそ	小さじ1
こんぶ (日高こんぶなどの早煮こんぶ)	25 cm
水	2½カップ
Ⓑ 酒	¼カップ
みりん	大さじ1
塩	小さじ½
削りガツオ	8g
塩	少量

作り方

1 大根は1.5cm厚さの半月切りにし、耐熱皿にのせてふんわりラップをかけ、電子レンジ(600W)で3分加熱する。にんじんは5mm厚さの輪切りにする。ブロッコリーは食べやすく切り分け、水に3分さらして水けをきる。

2 ボールにⒶを入れて練り混ぜ、4等分して丸める。

3 こんぶはさっと洗い、なべに入れた分量の水に5分浸し、幅を2～3つに切って2か所結んで半分に切る。なべに戻し、大根とⒷを加えて火にかけ、煮立ったら削りガツオをだしパックに入れて加え、弱火で3分ほど煮、カツオ節の汁を搾ってパックをとり除く。

4 にんじんと**2**を加え、ふたをして約10分煮、途中水が足りなければ1カップ(分量外)ほど足す。ブロッコリーを加えて3分ほど煮、ミニトマトを加えてさっと煮る。塩けが足りなければ塩を加えても。

食べ方ポイント

- 温かい汁物は、おなかを温めて消化を促進。煮ることで野菜もやわらかくなり、吸収しやすくなる。

- うどんを入れて、糖質を補給するのもおすすめ。

- 胃腸がかなり弱っていると感じるときは、大根やにんじんは小さめに切り、充分にやわらかく煮たほうがよい。

消化が良く、栄養もとれるおかず

チキンと野菜のうま味がとけ込んだ具だくさんスープは栄養満点！

チキンと野菜のチャウダー

1人分 エネルギー**281**kcal ／ 炭水化物**16.9**g

| たんぱく質 ▶ **33.0**g | 脂質 ▶ **7.5**g |

食べ方ポイント

- 主菜とするならば、鶏肉も野菜もレシピより多めにして、たっぷり食べたい。

- この作り方を基本に、野菜はカリフラワーやズッキーニなどをさらに足したり、しいたけを入れたりと、アレンジしてみよう。

材料／2人分

鶏胸肉（皮つき）	1枚 (250g)
┌ じゃが芋	80g
Ⓐ 玉ねぎ	60g
└ にんじん	50g
にんにく（つぶす）	1かけ
オリーブ油	小さじ1
┌ 白ワイン	大さじ2
Ⓑ 水	¾カップ
┌ 牛乳	¾カップ
Ⓒ 塩	小さじ½
あらびき黒こしょう	少量

作り方

1 鶏肉は皮を除き、2cm角に切る。じゃが芋、玉ねぎ、にんじんは1.5cm角に切る。

2 なべににんにくとオリーブ油を入れて中火にかけ、香りが立ったらⒶをいためる。玉ねぎが透き通ったら**1**を加えていため、Ⓑを加える。

3 煮立ったらアクを除き、ふたをして弱火で8分ほど煮る。Ⓒを加え、煮立つ直前に火を消す。器に盛り、あらびき黒こしょうをふる。

梅干しの酸味や大根おろしの辛味で、すっきりとした味わい。胃腸が疲れたときでも食べやすい。

梅風味おろしやっこ丼

<mark>1人分</mark> エネルギー**359**kcal ／ 炭水化物**65.7**g

たんぱく質 ▶ **12.7**g　脂質 ▶ **3.9**g

材料／2人分

絹ごし豆腐	⅔丁（200g）
┌ シラス干し	大さじ4
└ 青じそ	4枚
大根	150g
梅干し	1個
しょうゆ	大さじ1
温かいごはん	300g

作り方

1 豆腐はキッチンペーパーで包んで水けをきる。青じそはあらみじん切りにする。

2 シラスはざるに入れて熱湯をまわしかけ、水けをきる。青じそと混ぜ合わせる。

3 大根はすりおろして汁けを軽く絞る。

4 梅干しは種を除いてたたき刻み、しょうゆと混ぜ合わせる。

5 どんぶりにごはんを盛り、豆腐を手であらくくずしながらのせ、その上に2、3をのせる。4をまわしかける。

食べ方ポイント

● 胃腸が弱っているときは、ごはんを少しやわらかめに炊いてもよい。

● 大根には、消化を助けるジアスターゼという消化酵素が豊富。

スポーツ栄養 なんでもQ&A ②

Q 足がつるのはどうして

筋肉の動きを調整しているのは脳や神経です。脳からの司令が神経を通って筋肉に伝えられることで、筋肉が収縮します。けれども、なんらかの理由で、この筋肉を収縮させるシステムがうまく働かなくなって、筋肉が異常に興奮（けいれん）することがあります。これが、「足がつる」ということです。

このような異常が起こる原因はいくつか考えられていますが、その一つが体内の水分やミネラルの不足です。特に筋肉や神経の働きを調整しているカルシウムやマグネシウム、ナトリウムなどのバランスが原因とされています。運動中に足がつりやすいのは、汗といっしょにミネラルが失われるためなのです。

足がつるのを防ぐためにも、
水分＋ミネラル補給が
たいせつ！

運動中、熱中症を予防するには

熱中症とは、気温・湿度の高い環境、体調、激しい運動などが原因で体温調節がうまくできずに、体温が上昇しすぎてしまい、血液中の水分と電解質（ミネラル）のバランスがくずれて起こる体調不良です。運動中の熱中症を防ぐためには、暑さ対策、水分とミネラルの補給、体調管理が重要です。

もし、筋肉のけいれん、手足のしびれ、めまい、気分の不快感などが出たら熱中症のサイン。すぐに涼しい場所に移動して体を冷やし、水分補給をするなど、応急処置をしましょう。意識がはっきりしない場合や、水分がとれない場合は重症です。すぐに病院へ行きましょう。

熱中症の予防法

- 水分といっしょにミネラルがとれるスポーツドリンクでこまめに水分補給
- 30分に1回以上休憩をとる
- 通気性のよい服装を選び、屋外では帽子をかぶる
- 防具をつけるスポーツは、休憩中にゆるめて熱を逃す
- 急に熱くなった日は、軽めの運動から始めて徐々に暑さに慣らす
- 気温・湿度が高すぎるときや、睡眠不足やかぜなどで体調がすぐれないときは運動を控える

糖質制限を行なってもよい

おもにごはんやパン、めんなどの主食の量を減らして、糖質の摂取量を控える「糖質制限」は、体重や体脂肪を減らす効果が高いといわれています。しかし、体を動かすエネルギー源である糖質は、活動量の多いスポーツ選手にとって重要な栄養素です。なにも考えずに糖質制限をしてしまうと、エネルギー不足になって、筋肉量の減少や体力低下のほか、ケガのリスクが高くなったり、脳が疲労したりします。スポーツをする人には基本的に、糖質制限はおすすめしません。

体重階級制のスポーツや審美系のスポーツなど、減量が必要で糖質制限をせざるを得ない場合には、専門家に相談しながら無理のない程度に行ないましょう。

糖質制限を行なうときのポイント

● 糖質が総エネルギー摂取量の50％以下にならないようにする

（例）一日総エネルギー摂取量が1800kcalなら、900kcal以上の糖質を摂取する

● 肉、魚、卵、大豆製品などでたんぱく質をしっかり摂取

● 青背の魚などから良質の脂質をとる

● ビタミンやミネラルが不足しないよう野菜、きのこ、海藻などを積極的に食べる

● くだものも適量食べる

Q 和菓子と洋菓子、どっちがいい

甘いお菓子を食べすぎると体脂肪が増えてしまいます。しかし、種類を選び、適量を食べるのであれば、糖質の補給に役立ちます。では、どんなお菓子を選べばよいのでしょうか。

和菓子と洋菓子、どちらのほうがおすすめかというと、それは和菓子。和菓子と洋菓子を比較してみると、バターや生クリームなどを多く使う洋菓子のほうが、脂質が多い傾向があるからです。また、和菓子に使われるあんはあずきからできているため、食物繊維がとれます。

ただし、和菓子であってもとりすぎは禁物。お菓子や甘い飲み物は、一日200kcal前後におさえましょう。

乳酸は筋肉疲労の原因なの

筋肉を動かすためには、筋肉に蓄えられている糖質（グリコーゲン）を分解してエネルギーを作り出しますが、そのとき、同時に「乳酸」という物質も作られます。この乳酸は疲労の原因物質と聞いたことがある人もいるでしょう。けれども最近、それはまちがいだということがわかりました。乳酸は反対に、筋肉の働きを助けたり、血管の傷の修復を促進したりといった、プラスの効果を持つ物質だと考えられています。

では、疲労はなぜ起こるのでしょうか。そのメカニズムはまだはっきり解明されていません。現在は、筋肉のエネルギー源であるグリコーゲンが不足することや、乳酸が多く作られる過程で発生する水素イオンの影響で、体が酸性に傾くことなどの説があります。

試合前 の食事

試合1週間前〜

POINT 1 ふだんどおりの食事で
コンディションを維持

ふだん、
食べ慣れているものを、
一日3食規則正しく
とることがたいせつだよ！

試合でもふだんどおりの実力を発揮するには、食事も「ふだんどおり」を心がけて。試合前だけ特別な食事をしても、よい結果にはつながりません。日常生活で食べている栄養バランスのよい食事を続けることが、コンディション維持に役立ちます。

POINT 2 食べる量に
気をつける

試合前は緊張や不安で食欲が落ちることがあるので、食事量の不足に注意しなければなりません。一方、試合に備えて練習量を減らした場合は、その分、摂取エネルギー量の調整を。ただし、糖質やたんぱく質の量は減らさずにキープすることがたいせつです。

食欲が落ちたら……

食事の回数を増やして、食事量を確保

試合前に練習量を減らしたら……

糖質やたんぱく質の量は
キープしつつ、食材や調理法を
くふうしてエネルギー量を調整

試合前の食事のポイント

 試合1週間前〜

⬇

● ふだんどおりの食事を心がける！

● 練習量を減らしたら、その分、
エネルギー量を減らす

ただし、ごはんの量や
たんぱく質源の量は
減らさない！

 試合2、3日前〜前日

⬇

● 糖質の量を増やす
（体重1kgあたり
糖質10〜12gが目安）

主食以外の
主菜や副菜でも糖質が
とれるようにくふうを

試合

グリコーゲン
ローディング
（＝カーボローディング）

試合の1週間前からトレーニング量を減らしたうえで、試合3日前から糖質の多い食事をとり、筋肉にできるだけ多くの糖質を蓄える食事法。マラソンなど、持久力を必要とする競技の選手向きです。運動時のエネルギー源“グリコーゲン”を筋肉に蓄えることで、疲労を遅らせることができます。

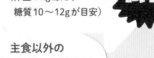

パフォーマンスが
長続きするゾ！

※グリコーゲンローディングを行なうときは、コーチに相談すること。
体重管理が難しくなるので、瞬発力系の競技者は要注意。

試合2、3日前〜前日

POINT 1 糖質を増やして グリコーゲンローディング

試合直前になったら、食事の糖質量を増やすのがポイント。筋肉に蓄えられる糖質（グリコーゲン）の量を最大にして、試合当日の持久力を高めることができます（グリコーゲンローディング）。持久力型や混合型の競技をする人は試合の3日前から、それ以外の競技の選手や中高生は、試合2日前から糖質多めの食事に切りかえるとよいでしょう。

主食以外でも
糖質がとれるようにくふうを！

もち

芋類

はるさめ

ギョーザ・ワンタン

くだもの

POINT 2 ビタミンB$_1$を しっかりとる

糖質の代謝を助けるビタミンB$_1$も充分にとること。増やした糖質が体内で効率よく利用されるようにします。

ビタミンB$_1$が豊富な食品

豚肉

ウナギ

タラコ

玄米・胚芽精米

枝豆

POINT 3 脂質や生物は控える

脂質が多い食べ物は消化に時間がかかるため、胃腸の負担になります。脂身の多い肉や揚げ物、バターやマヨネーズを多く使う料理などは控えて。また、生物は食中毒のリスクがあるので、食材には火を通して食べましょう。

脂質が少ない食材を選ぼう

✕ ひき肉

〇 もも肉

バラ肉

ヒレ肉

試合2、3日前〜前日の食事例

糖質を多くとって、
試合中の持久力をアップ！

くだもの
くだものでビタミン、ミネラルのほか、糖質も補給。

ゆで豚

脂身の少ない部位を使い、油を使わない調理で脂質をおさえる。豚肉にはビタミンB$_1$も豊富。

胚芽精米のごはん
（ふだんより多め）
白米よりもビタミンB$_1$が豊富な胚芽精米がおすすめ。

もち入りスープ

汁物にもちを入れて糖質をプラス。主食以外のおかずでも糖質がとれるようにくふうを。

試合当日（試合前）の食事

POINT 1 タイミングよく栄養補給して エネルギー不足を防ぐ

試合前日までと同じように、糖質を多めにとることを心がけて。試合までにエネルギー源（グリコーゲン）をできるだけ蓄えるようにしましょう。

ただし、食べたものが胃に残っていると、血流が胃に集中するので、パフォーマンスが低下します。消化時間を考慮して、食事のタイミングを計画するようにしましょう。

> 試合開始時間の3～4時間前までに食事をすませておくのが基本だよ！

試合の3～4時間前 ▶▶ ▷ ▷ ▷ ▷ ▷ ▷ ▷

通常の食事をしっかりととります。ごはんやパン、めん類などの主食を多めにとって、おかずにも糖質が豊富な芋類やおもちなどをプラス。くだものもしっかりとりましょう。その分、おかずはやや少なめに。

糖質中心の食事に

おにぎり＋そうめん入りみそ汁

力うどん

はちみつトースト

試合当日の食事例

芋類など糖質の多い食材を使ったおかずをプラスすると糖質の量を増やせる。

さつま芋の煮物

バナナやりんご、みかんなどのくだもので、ビタミン、ミネラルを補給。

くだもの

おにぎりは緊張で食欲が低下しがちなときでも手軽に食べられるのでおすすめ。

おにぎり

汁物をお雑煮にして、糖質を充分に補給。肉や野菜などの具をたくさん入れれば、たんぱく質やビタミンもいっしょにとれる。

お雑煮

サッカーや
ラグビーなどは
ハーフタイムに
糖質を補給！

POINT 2 試合時間が長い場合は 試合中にも栄養補給を

テニスなどは休憩時間に、
ゴルフはホールと
ホールの間に……

試合時間が1時間以上の競技の場合、体内に蓄えられた糖質だけでは、最後まで最高のパフォーマンスを維持できません。試合中にも糖質を摂取して、エネルギー不足を防ぎましょう。スポーツドリンクよりも糖質の濃度が高い果汁100％ジュースやエネルギーゼリー、消化吸収が早いバナナなどがおすすめです。

試合の2時間前　▶▶▶　試合の約1時間前　　試合

試合の2時間前	試合の約1時間前
糖質中心の軽食をとります。持ち運びやすく、食べやすいおにぎりやカステラなどがおすすめ。	消化吸収の早い食品で糖質を補給します。バナナやエネルギーゼリー、果汁100％ジュースやスポーツドリンクなどがおすすめ。

軽食で糖質を補給！

おにぎり　　カステラ　　もち

パスタ　　あんパン　　バナナ

消化の早い食品で糖質を補給！

エネルギーゼリー　　バナナ

スポーツ　　　果汁100％
ドリンク　　　ジュース

試合3～4時間前の食事で
栄養素をとりきれない場合は、
試合1～2時間前にも
栄養補給を！

試合直前

スポーツドリンクやあめなど、消化吸収に時間がかからず、おなかにたまらないもので糖質を補給してもOK。

試合後 の食事

POINT 1 次の試合がある場合はすぐに糖質を補給

　一日に複数の試合がある場合は、1試合終わるごとに次の試合に備えて糖質の補給を。試合後はなるべく早く、おにぎりやカステラ、バナナ、エネルギーゼリーなどの糖質の豊富な食品を食べます。次の試合が開始される時間から逆算して、適切な食品を選びましょう。

糖質の摂取量（目安）

体重1kgあたり1gほどの糖質を補給

おにぎり1個	カステラ2切れ	バナナ1本
糖質47g	糖質63g	糖質22g

試合前・試合中・試合後のいつでも適切な水分補給を！

　試合で最高のパフォーマンスを発揮するには、適切な水分補給も欠かせません。試合中は汗で大量の水分を失うので、試合前、試合中、試合後に、こまめに水分補給をしましょう。

試合前

試合に備えて充分な水分を補給しておきます。
試合1〜2間前に、500mℓの水分を摂取するようにします。

試合中

できるだけ自由に水分がとれるように準備しておき、15分ごとくらいに、のどが渇く前にこまめに水分補給を。

試合後

スポーツドリンクなどで、試合中に失われた水分やミネラルを補います。何度かに分けて飲むことがたいせつです。

- 試合時間が1時間以上の場合は、糖質と電解質がプラスされたスポーツドリンクがおすすめ。

- 体温上昇をおさえるため、やや冷たい（5〜15℃）飲み物を用意。

試合開始
2時間前〜1時間前

約500mℓの水分をとる

POINT 2 　試合後、30分以内に糖質＋たんぱく質をとる

　すべての試合が終わったら、糖質だけでなくたんぱく質も補給しましょう。運動後30分は、成長ホルモンの分泌が促進される「ゴールデンタイム」で、筋肉が効率よく修復されます。その時間に合わせて、筋肉の材料になるたんぱく質をとることがたいせつです。

　また、糖質が不足すると、エネルギーを作り出すために、筋肉のたんぱく質が分解されてしまいます。試合後はなるべく早く糖質をとりましょう。

試合後すぐに食事をとらないと……

筋肉が減る

エネルギー源が不足するため、体が筋肉のたんぱく質を使ってエネルギーを作り出そうとする。

筋肉が修復できない

筋肉の材料であるたんぱく質が不足して、運動で破壊された筋肉を修復できない。

脳の機能が低下する

脳がエネルギー不足になり、脳の働きが悪くなって、脱力感やめまいが起きる。

> 試合後は30分以内に、不足している糖質とたんぱく質を補給する必要がある！

試合後の食事例

サケおにぎり＋フルーツヨーグルト

ハムチーズサンドイッチ＋果汁100％オレンジジュース

バナナ＋牛乳

● ごはんやパン、バナナなどで糖質を補給。

● 卵や肉類、ツナ、乳製品などのたんぱく源をとる。

● くだものや牛乳、乳製品はビタミン・ミネラルもいっしょに摂取できるので◎！

● 試合後は食欲が落ちやすいので、自分が食べやすいものを選ぶとよい。

試合当日のモデルスケジュール

6：00　朝食
試合が始まる3時間前までには、朝食をすませておく。試合に備えて、エネルギー源となる糖質を多めにとれるようにくふうを。

7：30〜8：30
試合に備えて水分を補給する。500mℓ程度が目安。

9：30　試合①　開始
10：40　試合①　終了
試合時間が1時間以上になる場合には、試合中にも、消化吸収のよい食品で糖質を補給する。

11：00　補食
次の試合まで時間が短い場合には、おにぎりなどの補食でエネルギー補給。

12：00　試合②　開始
13：00　試合②　終了
13：15　昼食
試合終了後は、30分以内に食事をするのがベスト。糖質とたんぱく質を中心に、ビタミンやミネラルもバランスよく摂取を。

18：00　夕食
ふだんどおりの栄養バランスのよい食事をとる。内臓も疲労しているので、消化吸収のよい食材を選び、油っこいメニューは避ける（78ページ参照）。

22：00　就寝
体の疲労を回復して、筋肉の修復を促進するためには睡眠もたいせつ。試合当日は早めに寝て、体を休めよう！

ケガをしているとき の食事

POINT 1 食事のエネルギー量は減らしつつ、栄養バランスはキープする

ケガをしているときは思うようにトレーニングができず、活動量が低下します。その分、いつもより食事のエネルギー量を減らす必要があります。

ただし、食事の量を極端に減らすと、必要な栄養素がとれません。ケガを治すにも、筋肉や腱の材料になるたんぱく質や、骨の形成にかかわるカルシウム、ビタミンK、ビタミンDなどの栄養素が必要です。充分な栄養素がとれるように栄養バランスのよい食事を心がけることもたいせつです。

定食スタイルで栄養バランスを維持

主食・主菜・副菜をそろえて栄養バランスを整えつつ、摂取エネルギーを減らそう。

食欲をコントロールして食べすぎ防止

練習ができないストレスによって、食欲が増してしまうことがあるので注意。

自分なりのストレス解消法を実践して食欲をコントロールしよう。低エネルギーの食材をじょうずに使うこともたいせつ（91ページ参照）。

POINT 2 脂質を減らすくふうをする

食事のエネルギー量を減らすコツの一つが、脂質をおさえること。豚肉を使う場合は脂肪の多いバラ肉ではなく、脂肪の少ないもも肉やヒレ肉を選ぶなど、脂質の少ない食材を選びます。また油を使う調理法は控えましょう。

脂質の少ない食材を選ぶ

鶏もも肉（皮つき）

鶏むね肉（皮なし）

油を多く使う調理法は控える

揚げる
いためる

蒸す
ゆでる

こんにゃく、しらたきも、エネルギー量が少なく、食べごたえがあるので、食事の満足感を高めるのにおすすめの食材だよ。

POINT 3 野菜・きのこ・海藻などを積極的に活用する

エネルギー量が少ない食材を積極的に使うのも摂取エネルギーを減らすコツの一つ。食事にボリューム感を出しながら、エネルギー量をおさえることができます。野菜やきのこ類、海藻などは、ビタミン・ミネラルも補給でき、おすすめです。

食事の
ボリューム感
アップに
役立つ食品

野菜

キャベツ
レタス
ブロッコリー

きのこ

しいたけ
しめじ
えのきたけ

海藻

わかめ
こんぶ

ケガをしているときの食事例

ふだんの昼食

牛乳
キウイフルーツ
きゅうりの
ごまあえ
かぼちゃの
そぼろあんかけ
ごはん
アジフライ
豆腐とねぎの
みそ汁

エネルギー量　約1200kcal
たんぱく質　約53g
脂質　約47g
炭水化物　約133g

ケガをしたときの昼食

**きゅうりと
わかめの酢の物**
酢の物にかえ、わかめを加えて、ボリュームアップ。

イワシの香味パン粉焼き
フライをパン粉焼きにかえて、脂質の摂取量をおさえる。
食材としてはアジよりもイワシのほうが脂質は多いが、調理法をくふうしてイワシを使用。

キウイフルーツ
牛乳
ごはん
豆腐とねぎの
みそ汁

かぼちゃの煮物
脂質の多いひき肉を使わない煮物にチェンジ。

エネルギー量　約920kcal
たんぱく質　約41g
脂質　約25g
炭水化物　約128g

栄養成分値一覧

ページ	料理	エネルギー kcal	たんぱく質 g	脂質 g	飽和 g	一価不飽和 g	多価不飽和 g	コレステロール mg	炭水化物 g	食物繊維総量 g	ナトリウム mg	カリウム mg	カルシウム mg	マグネシウム mg	リン mg	鉄 mg	亜鉛 mg
30	カツオのヨーグルトカレー	728	37.7	11.6	4.76	4.04	1.60	76	111.5	2.6	879	873	172	85	511	2.9	3.0
31	ほうれん草のクリームチーズあえ	90	3.1	7.0	3.38	1.75	0.94	16	4.4	1.9	73	237	80	30	53	0.7	0.6
31	小松菜のミルクスープ	228	9.4	13.7	8.38	3.24	0.46	40	16.7	2.4	708	556	331	28	276	1.6	1.3
32	豚しゃぶ納豆だれがけ	264	19.1	17.7	6.15	7.04	2.98	55	5.3	2.7	387	491	31	45	211	1.5	2.7
33	納豆のふわっとお好み焼き	413	25.4	19.9	4.06	6.49	6.72	254	33.3	7.2	587	900	245	106	375	4.1	2.6
33	アボカド納豆	220	8.7	17.3	2.83	8.45	3.77	0	10.6	6.4	330	791	44	67	124	1.9	1.3
34	豚レバーとパプリカのカレーいため	202	14.3	8.3	1.41	2.44	2.99	151	15.4	1.7	822	398	24	31	251	8.5	4.5
35	鶏レバーのにんにく塩煮（1/6量）	63	9.6	1.6	0.37	0.22	0.32	185	1.2	0.1	217	179	4	10	154	4.6	1.7
35	豚レバーとにらの香味いため	201	16.0	10.5	1.53	3.56	3.81	278	7.9	1.7	579	579	33	33	264	7.3	2.8
50	カジキの八宝菜風	355	26.3	19.5	3.13	7.56	6.40	72	17.1	3.0	683	719	139	72	374	2.2	1.5
51	肉詰め厚揚げのトマト煮	355	22.9	24.4	4.36	7.76	9.96	19	11.0	3.0	730	652	404	109	327	4.8	2.7
52	鶏レバーのクリーム煮	324	23.9	18.6	9.98	3.88	1.20	412	14.7	2.8	497	675	119	40	434	9.3	4.1
53	チャンプルー	261	22.6	14.3	2.92	3.91	5.28	221	9.4	2.5	838	829	332	221	348	5.6	2.0
53	カツオフレーク	111	13.7	1.4	0.24	0.44	0.57	30	6.9	0.6	394	296	14	29	158	1.2	0.5
56	青梗菜のギョーザスープ	122	7.2	4.6	1.63	1.92	0.57	19	12.6	1.9	482	326	66	23	85	1.3	1.2
57	ちりめんじゃことにんじんのチヂミ	225	8.4	9.1	1.56	3.13	3.43	92	25.5	1.9	380	237	78	24	140	0.7	0.7
57	芽ひじきとじゃが芋のヨーグルトサラダ	198	7.0	8.4	1.87	3.46	2.02	14	26.4	5.3	597	1045	115	70	161	1.5	0.8
58	牛肉とゴーヤーのくずし豆腐あえ	280	20.7	19.4	4.99	8.12	4.43	56	4.2	1.4	684	439	109	131	247	2.2	4.1

- 『日本食品標準成分表2015年版（七訂）』(文部科学省) に基づいて算出した値です。同書に記載のない食品はそれに近い食品の数値で算出しました。
- 特に記載のない場合は1人分（1回量）あたりの成分値です。
- ビタミンAはレチノール活性当量、ビタミンEはα-トコフェロールの値です。
- エネルギー量点数とは、女子栄養大学の食事法「四群点数法」に基づいて各群ごとにエネルギー量を点数で表わしたものです。

| 銅 | マンガン | ヨウ素 | ビタミン | | | | | | | | | | | | 食塩相当量 | エネルギー量点数 | | | | |
| | | | A | D | E | K | B1 | B2 | ナイアシン | B6 | B12 | 葉酸 | パントテン酸 | C | | 第1群 | 第2群 | 第3群 | 第4群 | 計 |
mg	mg	μg	μg	μg	mg	μg	mg	mg	mg	mg	μg	μg	mg	mg	g					
0.43	1.09	19	67	4.0	2.3	7	0.27	0.40	20.0	1.05	8.5	55	2.08	56	2.3	0.8	1.4	0.4	6.5	9.1
0.10	0.22	1	228	0.1	1.3	137	0.04	0.09	0.3	0.06	0	52	0.16	8	0.2	0.7	0	0.1	0.3	1.1
0.10	0.18	18	385	0.4	1.0	112	0.13	0.31	0.9	0.20	0.9	78	0.95	26	1.8	1.6	0	0.4	0.8	2.8
0.21	0.33	0	54	0.3	1.0	254	0.56	0.32	3.4	0.33	0.4	55	2.06	4	1.0	0	3.1	0.1	0.1	3.3
0.42	0.45	30	128	6.0	2.3	444	0.20	0.66	2.8	0.38	2.0	217	3.34	66	1.4	1.3	1.6	0.5	1.8	5.2
0.41	0.13	0	4	0	2.5	240	0.10	0.38	1.8	0.33	0	108	2.62	11	0.8	0	1.0	1.6	0	2.8
0.65	0.45	1	7835	0.8	2.0	4	0.25	2.24	9.2	0.59	15.2	525	4.58	93	2.1	0	1.0	0.4	1.1	2.5
0.17	0.18	1	7000	0.1	0.2	7	0.19	0.90	2.3	0.35	22.2	652	5.06	10	0.5	0	0.7	0	0.1	0.8
0.29	0.83	2	10645	0.2	2.3	111	0.33	1.43	3.9	0.64	33.3	1032	7.91	26	1.5	0	1.1	0.2	1.3	2.5
0.20	0.52	16	243	9.2	5.9	34	0.15	0.18	8.6	0.51	2.0	46	0.92	22	1.8	0	2.9	0.2	1.3	4.4
0.41	1.44	4	73	0.6	3.2	53	0.36	0.19	2.8	0.36	0.2	76	0.96	25	1.9	0.1	3.5	0.4	0.4	4.4
0.47	0.45	16	14148	3.1	0.8	20	0.48	2.04	7.2	0.81	44.7	1340	10.96	25	1.3	1.7	1.4	0.3	0.6	4.0
0.34	0.72	18	336	1.3	1.8	236	0.25	0.43	2.0	0.26	1.1	152	1.12	39	2.2	1.0	1.8	0.2	0.3	3.3
0.08	0.40	0	89	2.0	0.3	3	0.08	0.11	9.7	0.41	4.2	10	0.43	1	1.0	0	0.7	0.1	0.6	1.4
0.10	0.14	1	105	0.3	0.6	52	0.26	0.15	3.2	0.18	2.1	60	0.81	15	1.3	0	0.7	0.1	0.6	1.5
0.06	0.19	2	389	6.4	0.7	11	0.10	0.11	1.3	0.08	0.8	26	0.57	3	1.0	0.2	0.3	0.2	2.1	2.8
0.18	0.33	2255	188	0.1	1.8	95	0.28	0.16	3.0	0.30	0.1	76	0.91	55	1.5	0.2	0.5	1.2	0.6	2.5
0.24	0.40	5	8	0	1.7	32	0.15	0.21	4.1	0.32	0.9	39	0.91	20	1.7	0	2.6	0.1	0.8	3.5

ページ	料理	エネルギー kcal	たんぱく質 g	脂質 g	脂肪酸 飽和 g	脂肪酸 一価不飽和 g	脂肪酸 多価不飽和 g	コレステロール mg	炭水化物 g	食物繊維総量 g	ナトリウム mg	カリウム mg	カルシウム mg	マグネシウム mg	リン mg	鉄 mg	亜鉛 mg
59	アサリ缶としめじの卵とじ	161	15.6	7.1	1.83	2.30	1.17	279	8.0	2.7	477	356	90	38	245	10.4	2.2
59	ほうれん草と豚しゃぶのごまポン酢あえ	122	7.9	8.4	2.46	3.12	2.08	16	4.5	2.8	389	410	115	54	111	1.3	1.2
62	サバ缶のアクアパッツァ	284	22.6	16.9	3.27	7.92	3.53	84	9.0	2.1	581	683	283	57	243	2.1	2.1
63	豆腐とエビときくらげのいため物	216	19.2	10.6	1.54	2.85	5.06	67	8.9	1.9	697	442	170	218	283	2.6	1.6
64	サケとほうれん草のグラタン	294	30.1	12.8	4.32	2.96	1.20	75	10.8	2.7	714	753	235	58	305	1.1	1.1
65	小松菜とシラスのペペロンチーノ	74	6.0	4.5	0.61	2.98	0.45	48	2.6	1.7	427	435	170	26	132	2.2	0.4
65	モロヘイヤのしょうがあえ	39	3.7	0.5	0.07	0.04	0.20	0	6.9	3.9	408	238	155	31	75	0.7	0.5
68	ステーキサラダ	221	14.2	14.4	3.90	7.15	1.51	36	6.8	3.3	689	596	59	48	176	1.7	3.2
69	かぼちゃの牛肉巻きねぎソース	319	17.5	16.4	4.56	7.32	2.99	53	23.6	3.5	709	708	29	47	191	1.7	3.8
70	サバ缶と水菜のトマトスパゲティ	562	32.0	17.8	3.45	7.87	4.08	80	64.9	6.6	982	947	476	107	366	4.9	3.1
71	凍り豆腐の卵とじ	211	16.7	11.4	2.50	3.33	3.78	253	9.5	1.7	606	223	144	41	274	2.7	1.9
71	ミックスビーンズとツナのサラダ	106	10.7	1.1	0.08	0.06	0.08	13	11.8	4.8	417	193	70	15	68	0.8	0.4
74	鶏肉のオーブントースター焼き	186	25.3	6.1	1.60	2.32	0.93	96	9.6	5.0	395	881	37	55	321	1.6	2.7
75	小松菜と鶏ささ身の塩いため	175	12.7	9.6	1.09	3.80	3.82	34	6.6	1.9	397	618	127	27	148	2.1	0.5
76	イカとキャベツのキムチいため	162	20.3	5.1	0.57	1.69	1.85	250	8.5	2.9	715	637	73	68	299	0.7	1.8
77	カツオと春野菜のコチュジャンあえ	153	28.3	1.7	0.29	0.45	0.60	60	6.5	2.4	315	669	24	53	332	2.4	1.3
77	豚しゃぶとにらのしょうがだれ	172	22.1	5.9	1.92	2.33	0.66	65	6.2	1.4	533	310	23	30	158	1.0	2.3
79	根菜と鶏団子の和風スープ煮	291	20.1	9.9	2.60	4.09	1.67	68	26.7	7.2	1103	1455	138	106	206	2.2	1.6
80	チキンと野菜のチャウダー	281	33.0	7.5	2.66	3.08	0.75	100	16.9	1.8	573	881	107	60	386	0.8	1.4
81	梅風味おろしやっこ丼	359	12.7	3.9	0.66	0.69	1.79	29	65.7	4.9	893	410	142	101	220	1.6	1.9

| 銅 | マンガン | ヨウ素 | ビタミン | | | | | | | | | | | | 食塩相当量 | エネルギー量点数 | | | | |
| | | | A | D | E | K | B₁ | B₂ | ナイアシン | B₆ | B₁₂ | 葉酸 | パントテン酸 | C | | 第1群 | 第2群 | 第3群 | 第4群 | 計 |
mg	mg	µg	µg	µg	mg	µg	mg	mg	mg	mg	µg	µg	mg	mg	g					
0.18	0.77	11	180	1.4	2.0	77	0.13	0.40	3.2	0.17	19.7	89	1.33	15	1.2	1.1	0.4	0.3	0.2	2.0
0.18	0.34	1	254	0.1	1.6	181	0.24	0.13	2.4	0.18	0.1	74	0.40	14	1.0	0	0.8	0.2	0.5	1.5
0.23	0.20	0	66	11.0	4.9	28	0.24	0.46	9.0	0.55	12.0	58	0.88	28	1.5	0	2.4	0.4	0.7	3.5
0.41	0.98	12	10	0.9	2.0	40	0.16	0.12	2.1	0.18	0.5	95	0.33	6	1.8	0	1.9	0.1	0.7	2.7
0.17	0.25	10	294	32.2	3.0	170	0.20	0.32	7.1	0.76	6.0	87	1.59	16	1.8	0.7	1.7	0.4	0.9	3.7
0.06	0.13	2	228	9.2	1.3	159	0.10	0.11	1.4	0.14	0.9	91	0.34	30	1.1	0	0.3	0.1	0.5	0.9
0.20	0.99	0	495	0.3	3.1	405	0.08	0.17	1.7	0.11	0	76	0.89	12	1.0	0	0	0.3	0.2	0.5
0.12	0.18	17	149	0	2.6	94	0.17	0.30	3.4	0.38	1.9	165	1.32	79	1.8	0	1.7	0.3	0.8	2.8
0.14	0.17	0	270	0	5.2	36	0.14	0.25	5.2	0.46	0.9	59	1.39	43	1.8	0	2.0	1.0	1.0	4.0
0.43	1.01	2	188	10.5	5.6	131	0.36	0.54	10.2	0.61	11.4	135	1.43	36	2.5	0	2.2	0.5	4.3	7.0
0.18	0.80	11	97	1.1	1.1	24	0.09	0.30	0.6	0.16	0.7	52	1.13	13	1.5	1.1	1.0	0.3	0.2	2.6
0.04	0.12	1	50	1.1	0.4	64	0.02	0.04	3.5	0.14	0.4	24	0.12	13	1.1	0	0.3	0.1	0.9	1.3
0.16	0.25	3	98	0.5	2.6	125	0.32	0.42	9.6	0.63	0.4	168	2.28	92	1.1	0	1.8	0.5	0	2.3
0.07	0.12	2	323	0	2.0	173	0.13	0.16	6.8	0.41	0.1	87	1.83	30	1.0	0	0.7	0.2	1.3	2.2
0.34	0.23	7	24	0.3	2.9	110	0.13	0.14	4.5	0.41	4.9	101	0.73	52	1.9	0	1.0	0.5	0.5	2.0
0.18	0.42	0	33	4.3	0.7	30	0.18	0.24	20.5	0.81	8.4	40	1.21	4	0.8	0	1.4	0.2	0.3	1.9
0.12	0.29	0	117	0.1	1.0	106	0.60	0.22	4.4	0.33	0.3	29	0.70	4	1.4	0	1.8	0.1	0.3	2.2
0.17	0.44	20007	342	0.3	2.0	86	0.25	0.31	7.2	0.66	1.2	162	1.77	66	2.8	0	1.9	0.9	0.8	3.6
0.11	0.17	13	214	0.4	0.9	27	0.23	0.29	16.0	1.02	0.5	43	3.18	24	1.5	0.6	1.8	0.7	0.4	3.5
0.33	0.93	1	30	5.5	0.3	23	0.17	0.09	1.1	0.15	0.5	41	0.63	6	2.3	0	0.9	0.4	3.2	4.5

解説・監修

上西一弘 （うえにしかずひろ）
女子栄養大学栄養生理学研究室教授

徳島県生まれ。徳島大学大学院栄養学研究科修士課程修了。食品企業の研究所を経て、1991年より女子栄養大学に勤務し、2006年栄養学部教授に就任。専門はヒトを対象としたカルシウムの吸収・利用に関する研究、成長期のライフスタイルと身体状況についてなど。また、スポーツ選手のパフォーマンスを支え、勝てる体を作るための指導に定評がある。おもな著書に『栄養素の通になる』（女子栄養大学出版部）、『新しいタンパク質の教科書』（池田書店）などがある。

女子栄養大学の
スポーツ栄養教室

発行　2020年3月15日　初版第1刷発行

発行者　香川明夫

発行所　女子栄養大学出版部
　　　　〒170-8481
　　　　東京都豊島区駒込3-24-3
　　　　電話　03-3918-5411（営業）
　　　　　　　03-3918-5301（編集）
　　　　ホームページ　https://eiyo21.com/

振替　00160-3-84647
印刷・製本　シナノ印刷株式会社

ISBN　978-4-7895-5136-6

STAFF

解説・監修 ◉ 上西一弘

料理 ◉ 今泉久美　岩﨑啓子　牛尾理恵
　　　重信初江　スタジオナッツ　田口成子
　　　外川めぐみ　豊口裕子　藤井恵
　　　牧野直子　武蔵裕子

写真 ◉ 今清水隆宏　尾田学　柿崎真子
　　　白根正治　菅原史子　鈴木雅也
　　　田口周平　竹内章雄　南雲保夫
　　　広瀬貴子　松島均　山本明義

マンガ・イラスト ◉ 髙村あゆみ　有栖サチコ
　　　　　　　　　赤川ちかこ　やまおかゆか

編集 ◉ 清水理絵（will）小川由希子
　　　こいずみきなこ

装丁・本文デザイン ◉ 河内沙耶花（mogmog Inc.）

DTP ◉ 新井麻衣子（will）

栄養計算 ◉ 戌亥梨恵

校正 ◉ 村井みちよ

※料理レシピは月刊誌『栄養と料理』（女子栄養大学出版部）に2009年1月～2018年9月号までに掲載した料理を編集したものです。